Pavel Filatiev

ZOV

L'homme qui a dit non à la guerre

Traduit du russe
par Gisèle Tokarev

Albin Michel

Dans ce livre, Pavel Filatiev ne décrit que les événements dont il a été témoin et auxquels il a participé dans les deux premiers mois de la guerre en Ukraine en tant que membre du 56e régiment d'assaut aéroporté. Il n'a pas souhaité porter de jugement sur la suite de la guerre puisqu'il n'en a pas été un témoin direct.

Cet ouvrage a été publié avec l'aimable collaboration
de The Deborah Harris Agency, Jerusalem et La Nouvelle Agence, Paris.

Alors que j'écris ces lignes, je suis revenu du front ukrainien depuis un mois et demi. Oui, je sais bien qu'il ne faut pas employer le mot « guerre[1] » parce qu'il est interdit en Russie, mais je continuerai à le faire malgré tout. Que les choses soient claires : j'ai trente-trois ans et, toute ma vie, j'ai dit ce que je pensais, même si c'était à mes dépens, je ne suis pas « comme il faut » et je ne peux rien y faire.

Donc, c'est la guerre, l'armée russe tire sur l'armée ukrainienne qui riposte, obus et roquettes explosent sur le territoire ukrainien. Je ne sais pas si vous avez déjà entendu le bruit que font un obus ou une roquette lorsqu'ils s'approchent de vous. Sinon, vous ne savez pas ce que vous perdez : sentir l'air vibrer et siffler de façon inoubliable, sentir ses entrailles se retourner et sa respiration s'arrêter. Ensuite, si la chance est de votre côté, entendre l'explosion et vous dire que vous avez

1. En Russie, prononcer le mot « guerre » est interdit et puni par la loi. Le nom officiel donné à l'intervention russe en Ukraine est « opération spéciale ». Toutes les notes sont de la traductrice.

eu du bol d'être resté entier et de ne pas avoir reçu un éclat d'obus. Dans le cas contraire, ce n'était pas votre jour. Bref, c'est un sacré truc…

Pendant ce temps, des militaires meurent des deux côtés et des civils aussi, ceux qui ont le « bonheur » de vivre là où un certain monsieur a eu l'idée de commencer une guerre et de l'appeler « opération spéciale ».

Sans oublier, bien sûr, tout ce qui va avec : la faim, les maladies, les nuits sans sommeil, le manque d'hygiène, un taux d'adrénaline qui dérape sans arrêt, épuisant les ressources de l'organisme pour lui donner force, rapidité et vitesse de réaction. Ce n'est que plus tard, quand on quitte les zones de combat, vidé, pressé comme un citron, qu'on réalise qu'on a bousillé sa santé à jamais.

Il y a aussi la pression morale exercée par la conscience sur l'âme et le cœur – si ces mots ont un sens pour vous. Alors, sans le vouloir, on se demande pourquoi et au nom de quoi on est là. Dans quel but on risque sa vie, on corrompt son karma qui n'était peut-être déjà pas au meilleur de sa forme.

Je vais vous raconter dans quelles conditions j'ai pu voir cette guerre et dans quelles circonstances je m'y suis retrouvé. Je suis conscient que j'engage ma responsabilité en diffusant des informations sur mon activité militaire mais me taire serait laisser le nombre de victimes continuer à augmenter.

24 février, 00 h 00

Nous avons roulé quelque temps à travers champs. Il a plu dans la nuit et les routes sont boueuses. Je me réveille vers deux heures du matin. La colonne se déploie en plusieurs rangées dans une sorte de terrain vague le long de la voie ferrée, moteurs silencieux et phares éteints. Nous recevons tous l'ordre d'enfiler des brassards blancs « ami-ennemi[1] », sur le bras gauche et la jambe droite, et d'un seul coup, du scotch de peintre en bâtiment venu d'on ne sait où circule parmi nous.

Quand nous avons quitté le camp le 19 juillet, des bandes blanches ont été tracées sur les engins. Le 23 février au soir, au moment du départ, les chauffeurs ont reçu l'ordre d'ajouter un trait pour former la lettre V. Nous sommes maintenant quelque part à côté d'une voie ferrée en train d'emmailloter notre bras gauche et notre jambe droite, et

1. Pour permettre aux militaires de se reconnaître et d'éviter les tirs entre membres du même camp.

les chauffeurs ont pour consigne d'ajouter un nouveau trait sur les voitures. Ça donne la lettre Z[1].

Alors que nous sommes occupés à ces bandages, à bavarder et à fumer à côté des engins serrés les uns contre les autres, des gars de l'engin voisin transportant des armes me convainquent de me joindre à eux : ils ne sont que trois au lieu des cinq réglementaires pour servir leur pièce. Leur chef, un jeune lieutenant, s'approche de moi pour me dire qu'en effet ils ne sont pas assez nombreux et me demander de les rejoindre.

Je grimpe dans l'Oural[2] *voisin avec mon arme et mon casque. Je ne pige rien à leur boulot mais on m'a affecté aux mortiers*[3]. *Jetant mon barda dans la caisse du camion, je grimpe à l'arrière dans l'obscurité la plus totale. Au moment où j'enjambe le hayon, les plaques de mon gilet pare-balles s'accrochent, mon pantalon m'empêche de lever la jambe plus haut ; je me retrouve comme suspendu par l'armature de mon gilet. Pour finir, je roule la tête la première en poussant un cri de douleur, comme si une étincelle provenant de mon œil avait illuminé l'obscurité…*

Une fois dedans, complètement sonné, je me protège l'œil droit de la main, je sens quelque chose de mouillé et j'ai très mal. Il fait nuit tout autour et un gars à côté de moi allume un briquet pour voir mon visage. J'ôte la main pour essayer de comprendre si je vois des deux yeux ou d'un seul. Le gars s'écrie : « Oh putain ! » Je lui demande

1. La lettre Z est devenue le symbole militaire de l'intervention russe en Ukraine sans que l'on en connaisse l'origine. L'armée russe marque également ses véhicules des lettres O et V.

2. Oural : nom de camions de l'armée russe, fabriqués dans l'Oural.

3. Canon que l'on charge par la gueule.

aussitôt si mon œil est toujours à sa place. Il m'éclaire en disant : « Enlève ta main, je n'y vois rien. »

Il y a du sang sur ma main et je sens quelque chose de chaud couler sur mon visage. Bon, mon œil est entier mais mes deux paupières sont déchirées. En regardant autour de moi à la faible lumière qui rentre à l'intérieur de la caisse, je me rends compte que je me suis cogné l'œil contre la poignée du réservoir réfrigéré pour la nourriture. De colère, je donne un coup de pied dedans. Le camion est rempli de caisses d'obus, de mortiers, trépieds et boussoles. Il va falloir rouler assis sur ces caisses. Je me demande ce que je fais là, à trente-trois ans, comme si mes aventures dans le Caucase ne m'avaient pas suffi. J'aurais mieux fait de rester tranquille dans ma compagnie, encore heureux que je ne me sois pas crevé l'œil. Nous fumons une cigarette, faisons connaissance et nous rendormons.

En avril, je serai évacué des premières lignes vers Nikolaev à cause d'une kératoconjonctivite. Pendant des tirs d'artillerie, dans les tranchées, j'ai reçu de la terre dans l'œil. Pas très agréable, certes, mais pas grave. J'ai eu de la chance. À cause de l'inflammation, je ne pouvais plus fermer un œil, le médecin a décidé de m'évacuer car je risquais de perdre l'œil si je n'étais pas soigné. J'ai été conduit à l'unité médicale de Kherson, déjà occupée à ce moment-là, et de là transféré à Sébastopol.

Ce qu'on éprouve lorsqu'on quitte le champ des opérations militaires est impossible à décrire.

Deux mois de boue, de faim, de froid, de sueur, la mort omniprésente. Dommage que les reporters ne soient pas autorisés à venir en première ligne, privant le pays entier du plaisir d'admirer ses parachutistes. Hirsutes, sales, couverts de boue, maigres et enragés on ne sait trop contre qui, ces Ukrainiens têtus refusant d'être dénazifiés ou bien notre propre commandement incompétent, incapable d'assurer l'équipement des soldats même pendant les combats. La moitié de mes gars avaient troqué leurs tenues contre des uniformes ukrainiens, parce qu'ils sont de meilleure qualité et plus confortables ou parce que le leur était usé et que notre grand pays n'est pas capable de vêtir, équiper et nourrir sa propre armée. Moi, par exemple, je n'avais jamais reçu d'équipement de combat et j'avais traversé la frontière sans même un sac de couchage. Une semaine plus tard, les gars, et pas les officiers, notez bien, m'en avaient trouvé un vieux dont la fermeture était cassée. J'étais content, c'est peu dire. Dormir par terre dans un vieux sac de couchage en hiver et en première ligne (en mars en Ukraine, il gèle), ce n'est pas du gâteau. Bref, mi-mars, j'ai commencé à avoir des douleurs dans le dos et les jambes, j'ai longtemps pensé que c'étaient les muscles ou les ligaments et j'ai patiemment tenu bon en boitant, mettant tout ça sur le compte des casques et des armes que nous n'enlevions jamais. Ensuite, j'ai appris qu'à force de dormir sur de la terre gelée, de manquer d'eau et de nourriture tout en portant des charges trop lourdes, j'avais développé une ostéochondrose de toutes les parties de la colonne vertébrale, des protrusions, une hernie cervicale, une hernie discale séquestrée et des douleurs incompréhensibles dans les articulations des jambes.

Donc, évacuation. J'avais passé deux mois en première ligne, et hop, me voilà parti. J'éprouvais à la fois de la joie d'avoir quitté ce bordel et de la tristesse d'avoir laissé mes camarades sans savoir ce qui allait leur arriver. Un sentiment de bonheur égoïste se mêlait à la culpabilité envers mes compagnons restés là-bas et que j'avais abandonnés.

Nous avons voyagé dans un autobus Paz[1], le chauffeur et vingt blessés à l'arrière, sales, épuisés, les uniformes couverts de sang ; la douleur et l'abattement se lisaient sur le visage des grands blessés mais ceux dont les blessures étaient légères se réjouissaient de partir enfin. Comme je n'étais pas blessé mais seulement considéré comme malade, j'étais assis sur la marche devant la porte (il n'y avait pas assez de place pour tout le monde et beaucoup ont eu moins de chance que moi). Il a fallu rouler entre cinq et six heures, je ne m'en souviens pas précisément. Je me suis détendu et je me suis mis à réfléchir à ces deux derniers mois de ma vie, à ce qu'ils représentaient, à quoi ils m'avaient servi ; je me demandais si j'avais fait quelque chose de bien ou de mal, pourquoi j'avais participé à cette aventure et comment je m'étais retrouvé là-bas. Depuis ce moment, un monologue intérieur fait de mauvaise conscience, de patriotisme et de bon sens ne s'arrête pas.

Si l'on s'en tient aux réponses toutes faites, je suis un militaire, un parachutiste obligé d'obéir aux ordres,

1. Autobus fabriqué dans la ville de Pavlovo, région de Nijni-Novgorod.

qui n'a pas le droit d'avoir peur et de ne pas partir à la guerre quand elle est déclarée, je dois servir le bien de mon pays et défendre le peuple de Russie. Mais le bon sens s'en mêle, soulignant les contradictions et soulevant des questions.

« L'Ukraine menaçait-elle la Russie » ?

Tout le monde raconte que l'Ukraine voulait intégrer l'OTAN. Mais attaquons-nous tous les pays qui veulent faire la même chose ? La Lettonie, la Lituanie, l'Estonie et la Pologne sont déjà membres de l'OTAN. La Finlande demande aujourd'hui son intégration. Un avion russe a récemment été abattu au-dessus de la Turquie mais nous l'avons bien vite oublié ; nous sommes en conflit avec le Japon au sujet des îles Kouriles. Et que diable ! Même les États-Unis ont une frontière avec nous à l'est. Mais rien de tout ça, étonnamment, n'est un prétexte pour déclarer la guerre. Nous ne les attaquons pas ou c'est pour plus tard ?

En somme, la raison est ailleurs.

« Si nous n'avions pas attaqué l'Ukraine, elle nous aurait attaqués » ?

Beaucoup de gens répètent ce qu'ils entendent à la télévision : c'était un avertissement, mais comment peut-on croire que l'Ukraine aurait attaqué la Russie ou la Crimée alors que ses forces armées n'ont pas été capables de défendre ses frontières ? Ils mènent une guerre de défense en essuyant de grosses pertes. Tout le monde sait que la guerre de défense est plus aisée que les opérations d'attaque. Comment ce pays qui se défend difficilement et lentement mais perd du terrain pourrait-il nous attaquer ? Et n'aurait-il pas été plus simple pour notre armée de renforcer la défense des frontières avec l'Ukraine et, en cas d'attaque, d'être dans une stratégie de défense, d'écraser son potentiel d'attaque et de contre-attaque ? Dans ce cas, nos pertes auraient été moindres et la communauté internationale n'aurait pas pu accuser la Russie d'agression et faire de notre pays un occupant et un envahisseur. Alors, que l'Ukraine ait eu l'intention d'attaquer la Russie c'est aussi un mensonge ?

« L'Ukraine est gangrenée par le nazisme et la population russe est discriminée » ?

J'ai discuté avec des gens qui étaient en Ukraine avant la guerre et, bizarrement, personne n'était capable de se souvenir d'avoir été concrètement discriminé ou maltraité à cause de son nom de famille russe ou bien parce qu'il ne parlait pas ukrainien. Quant aux cas isolés de conflits du quotidien pour des raisons nationalistes, ils existent dans tous les pays du monde.

« Nous avons attaqué l'Ukraine pour sauver la RPD et la RPL[1] » ?

Mais que sont ces républiques ? De fait, juridiquement, ce sont deux régions qui faisaient partie de l'Ukraine puis se sont révoltées et ont décidé de devenir indépendantes. Ne serait-ce pas la même chose

---

1. République populaire du Donbass et République populaire de Lougansk.

si la Carélie demandait son rattachement à la Finlande, la région de Smolensk à la Lituanie, celle de Rostov à l'Ukraine, la Yakoutie aux États-Unis ou encore Khabarovsk à la Chine ? Pourquoi défendons-nous ces deux républiques ? La population du Donbass s'en trouve-t-elle mieux ? Il est évident qu'en Russie nous n'aurions jamais accepté une telle situation, de même que nous avons refusé d'accorder l'indépendance à la Tchétchénie au prix de milliers de vies. Pourquoi avoir créé la même situation chez nos voisins ? Et en même temps, les gouvernements de la RPD et de la RPL n'ont pas été capables d'assurer protection sociale et sécurité à leurs habitants malgré le soutien de la Fédération de Russie, alors des milliers de personnes se sont réfugiées en Russie, en Crimée et en Ukraine. Je n'ai jamais entendu ceux qui avaient fui Donetsk et Lougansk se plaindre des faits de nazisme dont nos médias font leurs choux gras. Tous sans exception racontent qu'ils ont fui la guerre et qu'ils veulent simplement vivre en paix et travailler. Si notre objectif était de les aider à tout prix nous aurions pu nous contenter de fournir des passeports russes à tous ceux qui le souhaitaient. Les terres vierges, jamais cultivées, ne manquent pas dans notre pays. Laissons-les venir, vivre et travailler avec nous. Nous n'avons vraiment pas besoin des territoires appartenant à d'autres pays. Nos terres sont suffisamment grandes. Tous ceux qui souhaitent vivre en Russie n'ont-ils pas déjà des passeports russes et ne sont-ils pas déjà installés dans notre pays ?

ZOV

24 février, 04 h 00

Je rouvre les yeux, il est environ quatre heures du matin. J'entends un grondement, un bourdonnement, la terre vibre, une violente odeur de poudre se répand. Je soulève la bâche et je regarde au-dehors : des tirs illuminent le ciel encore sombre, éclairant à tour de rôle les nuages ou la fumée. À droite et à gauche de notre colonne, l'artillerie se déchaîne, les violentes explosions des canons à longue portée semblent retentir quelque part derrière nous.

L'air est saturé d'effroi ; le sommeil, et la fatigue due au manque de nourriture, d'eau et de repos, s'envolent comme par magie. Personne ne comprend ce qu'il se passe, qui tire, d'où, et qui est visé. J'allume une cigarette pour bien me réveiller et je réalise alors que le feu est dirigé juste devant le nez de notre colonne, à dix ou vingt kilomètres devant nous. Tous les autres se réveillent autour de moi, ils allument une cigarette et on entend quelqu'un murmurer : « Ça y est ! »

Bon, il doit bien y avoir un plan !

Finissant ma cigarette, j'essaye d'assimiler ce que j'ai vu, assailli par une décharge d'adrénaline et de ferveur, mes pensées n'ont jamais été aussi claires et nettes. Je prends conscience avec terreur qu'un scénario à « La Crimée est à nous[1] *» n'est pas dans les tuyaux. J'ai un pressentiment très net de fiasco total. Je ne comprends toujours pas ce*

1. « La Crimée est à nous » : slogan des Russes qui soutenaient l'annexion de la Crimée par leur pays.

qu'il se passe : est-ce nous qui faisons feu sur les Ukrainiens qui nous attaquent ou sur l'OTAN ? Ou est-ce nous qui attaquons ? Qui est visé par cette fusillade infernale ? D'où viennent les tirs d'artillerie ? Y a-t-il un référendum en RPD et RPL ? C'est la prise de Kherson ? L'Ukraine nous a attaqués avec l'aide de l'OTAN ?

Quoi qu'il en soit, nous avons un plan...

L'armée est ainsi faite qu'il n'y a personne à qui poser ces questions. Il semble d'ailleurs que les ordres arrivent au commandement au fur et à mesure, au compte-goutte. Plus on a une fonction élevée et plus on en sait ; mon niveau de parachutiste contractuel est celui d'un poulain que l'on mène à la castration. Personne ne va m'expliquer quoi que ce soit, mon seul choix, c'est de jeter mon arme et de partir en courant dans la direction opposée pour devenir un lâche ou bien de suivre les autres.

Dans le passé, j'ai été dresseur de chevaux, apparemment avec succès. Ensuite, j'ai sans doute été suffisamment fou pour réintégrer l'armée.

Avec un ami, nous avions acheté une dizaine de poulains sauvages destinés à la boucherie. Puisque, de toute manière, ils devaient partir à l'abattoir, autant les acheter au prix de la viande, les castrer, les dresser un peu et les revendre. Ainsi, les poulains resteraient en vie et nous pourrions gagner de l'argent. Même si cela ne nous plaisait pas trop et que nous avions vraiment pitié de ces poulains, nous avons malgré tout fait ce truc pas très net, entre deux maux nous avons choisi le moindre, c'est ainsi que nous avons trouvé une justification à nos propres yeux.

Donc, pour castrer ces poulains sauvages, il fallait d'abord les dresser un minimum pour qu'ils acceptent d'être bridés et apprennent à avancer guidés par l'homme. C'était déjà de costauds poulains de deux ans, impossible de les prendre par la force, nous étions obligés d'employer toutes sortes de ruses et de risquer d'être blessés. Quand un poulain nous obéissait et nous laissait le brider, nous le menions à l'enclos et, au lieu de lui donner une friandise après la séance de dressage, nous l'attachions, le mettions à terre pour le castrer.

Le poulain n'avait aucune idée de ce qui l'attendait. Il avait l'habitude d'aller là où on lui demandait d'aller pour éviter les ennuis et recevoir ensuite son morceau de sucre. Eh bien, l'armée, c'est pareil pour un contractuel : tu vas là et là, bravo, et maintenant par-là. Et un beau jour, tout ça te met dans une sacrée mouise. Mais tu as été dressé, tu ne dois rien savoir, juste obéir. Aujourd'hui je comprends que j'ai été utilisé comme j'ai moi-même utilisé autrefois ces chevaux, par la ruse (les médias et le patriotisme) ou par la force (la loi et les châtiments), amadoué par une friandise (la solde) ou par les louanges (les décorations et les grades). Tout en haut, il y a un certain monsieur qui est plus intelligent, plus puissant et qui en sait plus que toi. Il utilise les mêmes outils que toi avec les chevaux pour « les éduquer comme il veut ». La seule question est de savoir quel est son but, s'il a choisi le moindre mal, s'il le fait pour gagner de l'argent, comme un vétérinaire payé pour cette opération, pour rendre les chevaux plus dociles, ou alors tout simplement parce qu'il est sadique. Seul ce monsieur connaît la réponse.

Oh, désolé, je ne me suis pas présenté : sergent de la garde Filatiev, 6e compagnie d'assaut aéroportée, 56e régiment, 2e brigade, 7e division aérienne.

Oui, oui, sergent précisément de cette anciennement 56e brigade[1] que notre ministre S. K. Choïgou a décidé de disloquer à la veille de la guerre, probablement pour égaliser les chances de la Russie et celles de l'Ukraine. La brigade a été démantelée l'année dernière ; une brigade complète, entraînée et équipée, qui comptait trois cents parachutistes. Elle était composée de trois bataillons d'assaut, d'un bataillon de parachutistes, d'un bataillon de reconnaissance, d'un bataillon de chars, disposait de sa propre artillerie et de sa propre défense antiaérienne, une brigade dans laquelle il n'y avait pratiquement pas de places vacantes, qui avait été formée durant trente ans dans la ville de Kamychine. Elle est disloquée et dispersée à travers toute la Russie, détruisant le destin des familles.

À partir de cette brigade a été reconstitué un régiment qui n'a de régiment que le nom, ne laissant comme structure permanente qu'un bataillon de parachutistes transféré en Crimée, à Féodossia, où il est rattaché au bataillon d'assaut numéro 171 qui était déjà sur place. Ces deux bataillons forment donc un

1. En 2021, la 56e brigade d'assaut aéroportée a été transformée en 56e régiment d'assaut aéroporté avec une base permanente à Féodossia.

« régiment » composé d'un bataillon de chasseurs parachutistes d'assaut, d'un bataillon de parachutistes d'assaut et d'une compagnie de reconnaissance dont le nombre d'hommes équivaut à celui d'un peloton. Ce n'est même pas un régiment, et en plus le bataillon des parachutistes d'assaut n'est pas complet. Par-dessus le marché, nos grands réformateurs ont décidé de créer, comme ils nous l'ont dit, « un bataillon expérimental de parachutistes de nuit » en les faisant circuler dans des camions ordinaires non blindés. C'est dans cet état que mon bataillon numéro 2 de parachutistes a été envoyé sur le front. J'ai oublié de préciser que mon bataillon était composé de trois compagnies. Ma compagnie est partie combattre avec environ quarante-cinq soldats, les deux autres avec soixante personnes ; au total, le bataillon d'assaut comptait cent soixante-cinq soldats, ce qui est super ! Attendez ! Qu'est-ce que je raconte ? Dit comme ça, tout semble parfait, mais un vrai bataillon doit être composé de cinq cents soldats. L'armée qui a envahi l'Ukraine aurait donc dû être forte de deux cent mille combattants. Or, si l'on tient compte de la corruption dans le système des rapports photo – parce que le commandement camoufle les problèmes –, en réalité, le premier jour, ce sont environ cent mille militaires russes qui ont traversé la frontière avec l'Ukraine, et ce pour faire face aux deux cent mille hommes de l'armée ukrainienne.

24 février, matin

Notre colonne se secoue et se met en marche. Je vois mon ancienne compagnie passer devant moi puis me doubler et j'ai le sentiment étrange – alors qu'hier je n'avais pas hésité à la quitter – qu'en cet instant de danger et d'incertitude j'aurais préféré être avec eux, comme un cheval qui préfère rester dans son troupeau. Sommes-nous finalement si différents d'eux ? Certains diront que ça n'a pas de sens, mais je veux tout raconter avec sincérité, sans cacher les émotions et les pensées qui me traversent.

Nous dépassons Armiansk, où règne la panique ; les coups de feu déchirent le ciel en direction de l'Ukraine, notre immense colonne encombre les rues, les services de la sécurité routière bloquent les routes pour que des passants se trouvant là par hasard ne gênent pas sa progression. À travers la bâche ouverte, je vois la lumière déjà allumée dans les immeubles de quatre étages et des gens qui regardent par la fenêtre ou le balcon.

Nous nous arrêtons brusquement après avoir heurté quelque chose. Notre camion n'a pas de freins ! Quand une voiture a stoppé brusquement devant notre chauffeur celui-ci a pris la décision de braquer à droite et il a heurté une clôture. Avec la guerre, tout passe, qui fera attention à une clôture brisée alors que des roquettes volent autour de nous ?

À côté de nous, les véhicules du bataillon d'assaut et des BMD[1] *se relaient, tantôt derrière nous, tantôt devant.*

1. BMD : véhicule de combat pour les troupes aéroportées.

Ceux de ma compagnie sont déjà devant, plus près de la frontière. Nous dépassons Armiansk, à notre gauche une forêt, à notre droite des champs, des tirs et des explosions qui viennent de l'endroit vers lequel nous nous dirigeons. À ce moment, je regrette d'avoir accepté de rejoindre les tireurs de mortier, je n'ai aucun lien affectif avec ces hommes que je connais à peine. J'ai en plus l'impression que ce groupe joue un rôle secondaire.

Depuis la caisse on ne voit pas ce qui se passe derrière nous. Et si ma compagnie était dans la merde ? Que se passe-t-il là-bas ? Où est-ce qu'on va ? Je veux avancer, l'adrénaline monte, je tremble légèrement et je ne comprends toujours rien. Des avions de combat traversent le ciel, suivis d'hélicoptères d'assaut, des explosions retentissent devant nous et l'air sent la poudre. Le spectacle est à la fois enchanteur et effrayant, terrifiant et superbe. C'est une aube printanière, il est six heures, le soleil brille de tous ses feux et commence à réchauffer l'atmosphère après cette nuit infecte d'humidité et de pluie.

Des dizaines d'avions et d'hélicoptères se montrent dans le ciel en même temps ; au sol, sur notre droite, des BMD et des chars qui surgissent de nulle part, des engins groupés par dizaines arborant le drapeau des forces armées parachutées et de la Fédération de Russie – et c'est seulement ce que mon regard peut embrasser avec mon œil blessé et collé par le sang depuis la caisse de ce fichu Oural sans freins.

Qu'est-ce qui se passe ? Cette question tourne dans ma tête ; mon cœur, quant à lui, est plein d'admiration, de doutes et d'angoisse. Le sentiment d'appartenir à une horde d'une puissance immense est grisant, même si on ne sait pas où on va, au milieu de ces salves, et qu'on a du mal à suivre.

Mon Oural traverse lentement un poste de douane détruit à la frontière entre la Crimée et l'Ukraine. Notre colonne ralentit, s'arrête parfois avant de reprendre de la vitesse. Nous rencontrons les premières voitures accidentées, encore fumantes ou portant des marques de tirs. Après la frontière, le peloton du bataillon d'assaut s'est disloqué : leurs camions sont sur les bords de la route et les hommes tiennent le poste-frontière pendant que nous passons. Je remarque du sang, mais pas de cadavres. Ils ont peut-être déjà été enlevés.

Sur la droite, les autochenilles traversent la frontière par les champs. Une énorme vague d'engins se scinde en petits groupes pour s'éloigner à travers champs vers la droite. Des panneaux, des inscriptions et des drapeaux ukrainiens font leur apparition. Un nouveau sentiment s'empare de moi : je comprends que dalle, tout ce qui se passe autour de moi est plus vrai que vrai tout en ressemblant à un rêve. Aucune vidéo ne pourrait rendre ce que j'ai sous les yeux et puis, là où c'est le plus intéressant, il n'y a pas de reporters ; quant aux témoins, ils ont mieux à faire que de filmer.

Une station-essence mitraillée est en feu derrière le poste-frontière. Les blindés de nos unités de reconnaissance avancent en premier. Plusieurs personnes ont été tuées ici, des voitures abandonnées ou détruites gisent çà et là.

La colonne s'arrête sans cesse pour mieux repartir à toute vitesse. Les camions de ma compagnie doublent ou prennent leur mal en patience, les véhicules avancent sur deux ou trois colonnes. Des moulins à vent apparaissent sur notre droite, le spectacle des prés par ce beau temps fait penser à un début avril. Les salves de l'artillerie se taisent et les points de chute des missiles et des éclats de roquettes lancées par les LRM[1] *deviennent visibles. On a l'impression qu'ils ont tiré dans le vide ou que l'ennemi s'était trouvé là plus tôt et a battu en retraite.*

Notre colonne quitte la route par la droite. À chaque fois qu'elle s'arrête, je me lève pour regarder devant ; dès qu'elle repart de façon imprévisible, je dois me dépêcher de rentrer et de me rasseoir sur les caisses pleines d'obus chahutées par le mouvement, ce qui rend mon avenir proche bien incertain. La route est de plus en plus mauvaise, les caisses de plus en plus bousculées et moi de moins en moins heureux d'être tireur de mortier.

La colonne diminue ou augmente, les routes devenues chemins de terre retrouvent çà et là du bitume. Devant la colonne, le commandement s'arrête parfois, sans doute pour attendre de nouvelles coordonnées. Nous nous dirigeons maintenant plus à l'ouest. Les hélicoptères et les avions d'assaut nous survolent par intermittence en s'éloignant vers l'Ukraine ou en revenant.

Nous nous arrêtons soudain sur une route déserte et entendons l'ordre : « Préparation au combat ! ». Nous nous réveillons tous brusquement et, encore à moitié endormis, nous nous éparpillons sur les bords de la route pour prendre nos positions de combat : certains à genoux, d'autres allongés, d'autres encore, hébétés, restent debout pour éviter l'humiliation de se salir. Par chance, l'ordre était bidon. Un ennemi bien préparé n'aurait fait qu'une bouchée de soldats si bien entraînés.

---

1. LRM : lance-roquettes multiples.

Voici la première agglomération, nous la traversons à toute vitesse sur une route pas trop mauvaise. Plusieurs hommes regroupés à côté de hangars, ils ressemblent à des ouvriers agricoles et n'ont pas l'air de trouver à leur goût ce drôle de début de matinée, mais ils restent à distance. Les combattants de notre colonne aussi se demandent où nous allons et dans quel but. C'est écrit sur leurs visages fatigués et déconcertés, mais que faire ? Sauter en marche, jeter sa mitraillette et s'écrier : « Je ne bougerai pas d'ici tant qu'on ne m'aura pas expliqué ce que nous faisons » ?

Tout le monde avance, enrageant en silence.

En traversant le village à toute vitesse j'ai vu, outre ce groupe d'hommes décontenancés, plusieurs vieillards sortir de chez eux et nous accueillir avec un signe de croix. Je reste perplexe : est-ce une bénédiction ou est-ce pour nous accompagner dans l'autre monde ?

Je suis étonné de voir que ces villages sont d'aspect agréable, même si nous croisons de plus en plus souvent des drapeaux ukrainiens ou des palissades peintes en jaune et bleu. Nous traversons encore quelques villages du même acabit avec des gars tristement regroupés et des vieux qui font un signe de croix.

Pendant tout ce temps, je garde ma mitraillette chargée, prêt à tirer sur le premier qui représenterait un danger. Nous ne savons toujours pas où nous allons et dans quel but mais là, clairement, c'est du sérieux. La vraie guerre a commencé, aucun doute.

Nous avançons presque au pas vers des hangars à l'air abandonné qui ressemblent à des étables soviétiques ; au milieu, je distingue un filet de camouflage tendu et un camion KAMAZ[1] *de type véhicule de commandement. Une espèce de tour bizarre s'élève tout près. J'ai un mauvais pressentiment, mais je me retiens d'ouvrir le feu dans cette direction pour ne pas attirer l'attention des autres. Logiquement, les blindés de reconnaissance et les camions des troupes d'assaut sont passés avant nous. S'ils n'ont rien remarqué d'étrange, tout va bien. J'ai tort une fois de plus. Logique et armée russe ne font pas bon ménage.*

Une fusillade désordonnée commence dès que l'Oural s'est éloigné de quelques mètres. La colonne s'arrête et se met en position de combat. Je suis désormais tireur de mortier, alors je me précipite hors du camion en même temps que les autres et nous déchargeons les mortiers et les obus au coin du bâtiment où j'ai vu ce KAMAZ suspect.

À peine une minute plus tard, nous recevons l'ordre de nous regrouper, toujours sous le feu. Récupérant nos mortiers, nous repartons en reformant la colonne de camions. Au bout de trois cents mètres, un nouvel ordre : « Préparation au combat » et, encore une fois, nous sautons des camions, sortant obus et mortiers pour nous préparer à tirer. On entend une fusillade, et je vois que tout le monde tire avec des armes de petit calibre et des mitrailleuses Outios en direction de ce camion KAMAZ qui ne ressemble pas aux nôtres.

On a déjà installé les mortiers pour le combat quand notre commandant d'unité se met à gueuler qu'il faut les mettre cent mètres plus loin. Nous filons avec le matériel vers l'endroit indiqué. Je me mets à courir, couvert de

1. KAMAZ : camions fabriqués dès l'époque soviétique sur la rivière Kama.

sueur, une recharge d'obus dans chaque main (« Putain, qu'est-ce qu'ils sont lourds ! Mais qu'est-ce que je fous là avec ces tireurs de mortier ! »). Devant nous, un monticule de terre derrière lequel une autre compagnie d'assaut s'est positionnée pour tirer en direction du KAMAZ. Des balles sifflent et explosent, couchant l'herbe sur leur passage. Les autres n'ont pas l'air de s'en rendre compte, je dois leur crier : « Baissez-vous, ça tire de partout ! »

Sans réussir à comprendre d'où viennent les tirs, je dois revenir en arrière pour aller chercher d'autres munitions. Je ne sais pas utiliser le mortier et j'ai décidé que j'apporterais les munitions, au moins je servirai à quelque chose. Je fais encore une fois le chemin entre le camion et la position de tir en me maudissant d'avoir rejoint ce groupe. Je n'y comprends rien et en plus, courir chargé de ces poids au milieu des balles, c'est à se faire péter les poumons.

Il fait beau et chaud, je dégouline de sueur. Les balles continuent de soulever la terre. Quel merveilleux jour de beau temps. Et dire que deux jours plus tôt, je me disais en plaisantant que s'il y avait une guerre j'avais plus de chances d'être tué par les miens que par les Khokhols[1].

Derrière moi, à environ cent mètres, le commandant règle sa boussole et transmet la position de la tour. Je me mets à terre, tourné vers lui, et j'indique les hangars dans son dos avec mon fusil, parce que nous venons d'être informés que des ennemis s'y trouvent. Ceux qui étaient à l'avant de notre colonne sont partis par là aussi. Nos hélicoptères d'assaut tournoient au-dessus de nos têtes et lâchent des roquettes. Mais où ? Je ne vois pas ce qu'il y

1. Khokhols : nom péjoratif que les Russes donnent aux Ukrainiens.

a là-bas. Ils passent et repassent, essayant probablement de comprendre la situation.

Au même moment, derrière nous, quelque chose explose à environ cent mètres. Une grenade, sans doute. Sans savoir comment attirer l'attention du commandant, mais sûr qu'il n'a rien entendu à cause des tirs autour de lui, je crie : « Des mines ! », plusieurs soldats se retournent mais il n'y a pas d'autres explosions.

Nous installons les mortiers conformément aux positions et attendons l'autorisation de faire feu et, pendant ce temps, les mitrailleuses Outios installées sur les camions mitraillent la tour à côté du KAMAZ. Elle prend feu, ils font des prisonniers, entre un et trois, je ne sais pas trop ; le lendemain, je ferai connaissance de l'un d'eux.

Je suis maintenant convaincu que les balles qui ont sifflé à mes oreilles ainsi que la grenade qui a explosé derrière le commandant ont été tirées par nos propres soldats. À environ trois cents mètres de nous, ils nous tiraient dessus. L'ennemi était entre les deux feux.

À cause de ses expérimentations absurdes et incessantes et de son absence de bon sens, l'armée a définitivement cessé d'attirer « les meilleurs jeunes[1] ». Les écoles militaires supérieures ne réussissent plus à recruter et le service contractuel (où nous étions depuis 2003) attire les jeunes des classes sociales inférieures (dont, hélas, je fais partie). C'est indéniable, moins les recrues sont éduquées et conscientes de leurs droits, plus il est facile

1. Phrase utilisée dans les réclames pour l'armée.

de les manipuler. Sans parler du fait que l'institution du service militaire a été supprimée, ou plutôt transformée en un mélange de jardin d'enfants et de camp de redressement, d'où les conscrits sortent à la fin de leur temps pour retourner dans le civil sans avoir rien appris. Ils ne se privent pas de raconter cette expérience à leurs amis qui préfèrent en conséquence éviter cette perte de temps s'ils en ont la possibilité. Pourtant, ce sont précisément ces appelés qui ont combattu en Afghanistan et en Tchétchénie par le passé avec succès – en tout cas, ils ont rempli leur mission sans essuyer autant de pertes que l'armée « professionnelle de la Fédération de Russie » aujourd'hui en Ukraine. Ah oui ! J'oublie de vous dire que ça fait une trentaine d'années qu'on observe cette décadence dans la 56e brigade de parachutistes.

Je me souviens de l'année 1999, c'était le début de la guerre de Tchétchénie. J'étais encore adolescent et j'ai accompagné mon père qui partait pour cette guerre. Vers trois heures du matin, la première brigade s'est rangée sur le champ de manœuvres à côté du quartier général et le commandant du régiment a donné les instructions de combat au bataillon : respecter les déplacements en ordre serré, engager le combat avec les groupes armés de l'Itchkérie[1] autoproclamée (ça ne vous rappelle rien ? L'Ukraine n'a-t-elle pas réagi de la même façon à la création des Républiques populaires du Donbass et de Lougansk ?). Il leur expliquait que c'était

1. Itchkérie : nom que s'est donné la Tchétchénie entre 1991 et 2000 après sa déclaration d'indépendance.

dangereux et que si un soldat, pour une raison ou une autre, ne voulait pas ou ne pouvait pas le faire, il devait sortir du rang. Les motifs étaient divers – père célibataire, religieux ou fils d'une mère malade. Ce jour-là, personne n'est sorti du rang, pas un seul soldat, alors qu'à l'exception des officiers le bataillon (environ cinq cents hommes) était constitué de conscrits ayant entre dix-huit et vingt ans. Voilà ce qu'était l'armée russe en 1999. Bien sûr, elle n'était pas idéale, elle avait besoin d'ordre et de réformes mais elle était supérieure d'une tête à celle qui a été maintes fois « réformée » depuis vingt-trois ans.

Dans l'armée d'aujourd'hui, un très grand nombre de contractuels ont refusé de partir combattre en Ukraine, ce qui a joué un grand rôle dans l'échec de « l'opération spéciale ».

Pendant ces deux mois où j'étais en première ligne, nous espérions tous les jours être remplacés et autorisés à partir en deuxième ligne pour nous reposer, faire notre lessive et nous laver. Mais ce n'est jamais arrivé, parce qu'en vérité il n'y avait personne pour nous remplacer.

24 février, midi

On continue à avancer. J'ai déjà perdu ma compagnie de vue, elle a bifurqué et suivi un autre itinéraire. J'ai entendu dire qu'elle est partie à l'assaut du pont qui traverse le Dniepr vers Kherson. Nous devons y aller aussi par un autre chemin mais nous n'arriverons pas à temps.

Vers midi, la colonne se retrouve dans les sables d'une forêt de pins. Cette forêt me rappelle beaucoup la pépinière de Kamychine que je connaissais si bien…

Dans ces sables, nous nous mettons en position de combat à plusieurs reprises, on entend des coups de feu. La colonne s'étire, ça canarde de partout sans qu'on puisse savoir qui tire sur qui.

On avance, des explosions retentissent, les rares et uniques armes légères de l'armée ukrainienne sont détruites, des avions volent dans le ciel mais nous n'avons encore rencontré aucune résistance sérieuse. Au fur et à mesure de notre pénétration sur le territoire de la région de Kherson, les hélicoptères et les avions se font plus rares. Nos camions tombent en panne et nous les laissons au bord de la route, leurs occupants s'installent dans d'autres véhicules.

Vers une heure, on se retrouve dans un immense champ. Les forêts de pins sont derrière nous et devant, il y a ce champ dont l'herbe était encore verte ou reverdit déjà. On en a vraiment plein le cul. Nos camions s'embourbent dans une sorte de cuvette où la neige a fondu depuis longtemps ; l'eau dans la terre n'a pas encore séché et forme un marais indécelable. Plusieurs véhicules réussissent à passer grâce à leur légèreté mais nos camions s'enlisent. Une partie doit rester sur place sous la surveillance de la colonne : quelques blindés de reconnaissance, quelques BMD, quelques véhicules de commandement envoyés par la

7e division, des blindés, des BMD-4 et des « Coquillages[1] » formant un méli-mélo auquel je ne comprends rien. En tout, on dirait qu'il y a environ trois cents hommes qui viennent d'un peu partout, surtout de la 7e division des forces armées parachutées, plus trois cents autres devant parce que la colonne s'est divisée.

Les BMD s'approchent pour essayer de sortir les camions de la boue mais s'enlisent à leur tour. Quand ils réussissent à tirer un véhicule, un autre vient aussitôt prendre sa place dans le marais. Le blindé médical Linza reste lui aussi coincé dans la boue, c'est le seul véhicule moderne de notre colonne, sans compter les BMD-4 et les blindés des parachutistes d'assaut. Ils auraient pu passer sur les côtés du champ, à droite et à gauche, ça saute aux yeux, mais tous comme un seul homme s'enlisent au même endroit…

Ça fait une demi-heure que j'observe ce bordel et je commence à me sentir nerveux : une énorme colonne militaire au milieu d'un champ à découvert, entre des collines à un kilomètre à gauche et une forêt à un kilomètre à droite ; au milieu de ce champ la colonne offre une cible idéale pour l'artillerie ou l'aviation. Si l'ennemi se trouve à proximité et nous remarque, notre compte est bon.

Beaucoup de soldats sortent des véhicules pour fumer. Passant de l'un à l'autre, j'apprends ce que j'avais déjà deviné : ordre de marcher sur Kherson et de s'emparer du pont sur le Dniepr. Cette fois, plus de doute, nous attaquons l'Ukraine.

Nous sommes dans ce champ et personne ne peut prendre la décision de laisser les camions où ils sont. Une partie des

1. « Coquillage » car ces blindés ont une forme de coquille.

gars sont partis devant et je comprends qu'il était prévu de jouer de l'effet de surprise : le gros des forces ont emprunté une autre route et les forces parachutées ont reçu l'ordre de faire une manœuvre discrète à travers champs et forêts pour arriver sur le pont et s'en emparer en formant une tête de pont pour le gros des forces. Tout ralentissement dans ce genre de situation peut s'avérer fatal. On ne peut pas rejoindre l'endroit en question, là où on compte sur nous, on n'y sera pas tout simplement parce que personne ne peut prendre la décision d'abandonner les camions enlisés. Tout cela aggravé par le fait que devant nous, à droite et à gauche, on entend des combats sans savoir qui tire sur qui. Notre colonne reste bien serrée, à découvert, sans même se mettre en position de défense. Deux heures sont déjà passées. On n'a rien à boire ni à manger, même si on n'a pas très faim.

Derrière la colonne, à gauche, l'intensité des combats augmente, quelque chose brûle, il y a des explosions, on voit l'artillerie attaquer. J'emprunte les jumelles du commandant et, agenouillé, j'essaye de voir quelque chose de ce côté. Sans succès. Je suis couvert de boue et de poussière comme quasiment tous les autres ; les sous-vêtements thermiques mouillés n'arrangent rien.

Derrière la colline où se déroulent les combats, des fusées d'alerte rouges ou blanches traversent le ciel. Je ne connais pas le sens convenu de ces signaux, alors je vais de voiture en voiture pour montrer le ciel en demandant ce que cela signifie. Personne n'est foutu de me répondre, même les officiers. L'atmosphère générale est étrange. Tous sont épuisés et voient la même chose que moi, est-ce qu'ils n'ont plus de forces ou bien est-ce qu'ils s'en foutent, comme d'habitude ?

Les blindés de reconnaissance arrivent derrière nous, ils ont dégagé les véhicules enlisés dans le sable de la forêt de pins. Je vais fumer une cigarette avec eux pour essayer d'apprendre quelque chose. Ces gars-là s'intéressent plus à ce qui se passe autour d'eux et ont l'air en meilleure forme. On a raison de considérer ces sections comme mieux préparées que les unités d'assaut et les bataillons de parachutistes ; en général, ce sont des hommes convaincus de ce qu'ils font. J'apprends que nous avons déjà des blessés et des tués ; ils ont ramené un gars de la zone des sables, il a reçu une balle 7.62 entre les omoplates, elle a traversé son gilet pare-balles et il est mort. Personne ne sait s'il s'agit d'une balle russe ou ukrainienne.

Ils viennent juste d'arriver mais je ne peux pas m'empêcher de m'indigner devant eux de la désorganisation. Ils partagent mon point de vue et ça me rassérène un peu de voir que tout le monde ne s'en fiche pas. Je leur montre la colline et leur raconte que j'ai vu des fusées de signalisation venant de là. La fusillade là-bas est en train de se calmer, la fumée des engins qui brûlent tournoie dans le ciel. Ils décident d'y aller pour jeter un coup d'œil, fouiller la colline et voir si ce n'est pas le camp adverse.

Ils me disent qui dirige la colonne et je vais le trouver. Il est avec un petit groupe à côté d'engins qui se sont enlisés en essayant de sortir les camions du marais. Difficile de distinguer les officiers des autres, ils sont presque tous en combinaison et masqués, sans signe distinctif. Je m'approche et lui dis : « Mon colonel, il y a des combats derrière la colline, c'est à deux ou trois kilomètres maximum. On voit de la fumée et des fusées de signalisation, des rouges et des blanches, qu'est-ce que ça veut dire ? Peut-être qu'ils ont besoin de notre aide, ou alors c'est des Khokhols ? »

Il me regarde bizarrement, d'un air dubitatif. Il doit se demander qui je suis. Son visage est fatigué, son uniforme taché de sang, il a probablement aidé un blessé, parce que ça n'a pas l'air d'être son sang. Après une pause, ses yeux passant de mon visage à la colline, il me répond : « Et qu'est-ce que j'en sais, putain, ce que ça veut dire, il faut se casser d'ici, bordel ! »

Puis il se remet à discuter de je ne sais quoi avec les officiers. Il est évident que les communications sont coupées et que nous n'avons aucune idée du sort de ceux qui sont partis devant et que nous étions censés rejoindre. Quel foutoir !

Devant nous, des tirs et des explosions. Qui est-ce ? Contre qui ? Nous n'en savons rien, et impossible d'évaluer la distance. Deux blindés de reconnaissance sont en train de monter sur la colline. D'après les bruits qui courent, nous ne sommes probablement pas loin de Kherson.

En retournant vers l'Oural, je m'arrête et partage des rumeurs avec tous ceux que je rencontre. Des hommes dorment, d'autres errent de véhicule en véhicule, tous ont l'air épuisés et désorientés. Quelqu'un remarque un drone et un murmure enfle dans la colonne. Ensuite, un avion de chasse nous survole très bas, personne ne sait si c'est un des nôtres, notre commandement n'ayant aucune communication avec l'état-major.

Je m'éloigne des voitures d'environ cent cinquante mètres pour m'agenouiller, le fusil sur les genoux : en cas de fusillade, mieux vaut être loin des véhicules. Les postes d'observation et de défense de la colonne ne sont toujours pas installés. La colonne est toujours en plein milieu, les véhicules presque à touche-touche. Si l'aviation ou l'artillerie nous tombent dessus, ce petit monde risque de se transformer en une sacrée cargaison de 200 et 300[1].

J'ai donc d'abord été évacué vers Sébastopol, à l'hôpital Orion ; l'autobus dont j'ai parlé plus haut est arrivé après minuit. Avant cela, nous nous étions arrêtés vers Tchernovo Perekop, où un camp médical sous tentes avait été installé sur le territoire de l'hôpital civil ; une équipe médicale de Bouïnaksk composée en majorité de femmes daghestanaises nous a chaleureusement accueillis.

Nous sommes descendus du bus comme des zombies, des médecins militaires sont venus vers nous ; c'était bizarre de ne plus entendre tirer, d'écouter le silence qui nous entourait, de voir des têtes nouvelles, un sentiment indescriptible de calme et de sécurité nous a envahis. Les médecins ont décidé aussitôt qui avait besoin de bandages, qui d'analgésiques et qui d'autres soins tout en nous conduisant vers une tente confortable où une cantine agréable et lumineuse, petit coin de paradis, était installée.

On nous a servi une bonne soupe à base de viande et d'orge perlée qui nous a paru un vrai délice. Ces femmes nous prodiguaient les soins avec compassion, sentiment étrange et oublié – étrange parce que jusque-là nous avions eu l'impression que tout un chacun était

1. Code pour indiquer respectivement les tués et les blessés.

aussi occupé que nous et que tout le monde serrait les dents, fidèle au slogan : « Tout pour le front, tout pour la victoire ». Nous avons compris qu'en fait la vie continuait comme d'habitude, les gens travaillaient, se reposaient, allaient dans des clubs et internet n'était pas bloqué. Ne soyez pas surpris : les deux premiers mois, nous avons vécu complètement coupés de l'extérieur, dans notre petit monde, celui de la guerre, où, en plus des conditions inhumaines de manque d'eau, de nourriture, de sommeil, de vêtements chauds et de tout le confort de base, nous avions faim d'informations. Nous n'avions à nous mettre sous la dent que les rumeurs colportées par un chauffeur revenant de l'arrière où il était allé chercher les rations et avait entendu dire qu'internet était bloqué, que les avions ne survolaient plus la Crimée, que le prix du sucre était multiplié par dix et que le dollar avait dépassé les cent vingt roubles. Dans l'isolement des opérations militaires, il est impossible d'apprécier les informations objectivement sans fabuler soi-même. C'est bien pour ça que j'ai posé plein de questions à ces femmes pour savoir ce qui se passait dans le monde et ce qu'on écrivait dans les journaux.

Je me souviens qu'elles m'ont paru soucieuses mais elles essayaient de ne pas le montrer, peut-être parce qu'elles voyaient plusieurs bus comme le nôtre passer tous les jours. Elles comprenaient que l'« opération spéciale » ne se déroulait pas comme prévu. (Quelqu'un avait-il vraiment un plan ?) Sans doute parce que, même tout là-haut, ils ne savaient pas à quoi tout cela rimait. Je me souviens d'une de ces femmes, inquiète des hausses de prix mais en même temps satisfaite de voir « les célébrités et les traîtres quitter le pays ». Elle se réjouissait par exemple de voir que Sobtchak[1] avait été arrêtée. Au début, j'ai été surpris (c'était quand même une ancienne candidate aux élections présidentielles). Ensuite, comme on pouvait s'y attendre, il est apparu que ce n'était pas vrai, comme c'est souvent le cas avec les rumeurs.

Après une pause d'une demi-heure, pendant laquelle nous avons mangé et reçu pansements et analgésiques pour ceux qui en avaient besoin, nous sommes partis pour Sébastopol, à l'hôpital Orion, comme je l'ai déjà dit. Arrivés après minuit, on a passé une demi-heure à errer et crier dans la cour. Personne ne s'occupait de nous. Des gars qui étaient déjà hospitalisés sont sortis, en majorité issus des unités de la brigade spéciale des parachutistes numéro 11, surnommés les « guerriers bouriates ». Ils étaient avec nous en première ligne les premiers jours, alors ils nous ont chaudement accueillis, ils nous ont aidés à descendre et nous ont assaillis de questions sur l'avancement des opérations sur le front. Bon, il n'y avait pas beaucoup d'avancées : on était toujours sur la ligne de séparation entre les régions de Kherson et de Nikolaev, l'artillerie de l'armée ukrainienne tirait sur nos positions, on était toujours au

1. Ksenia Sobtchak est la fille d'Anatoli Sobtchak, qui fut le maire de Saint-Pétersbourg au début des années 1990. À l'époque, Vladimir Poutine était son adjoint. Ksenia Sobtchak est aujourd'hui une farouche adversaire de Vladimir Poutine. Elle a été candidate contre lui lors des élections présidentielles de 2018. Plus récemment, elle a pris position contre l'invasion de l'Ukraine par la Russie.

milieu en train d'attendre des renforts pour la prochaine attaque.

Une demi-heure plus tard, une femme dans une tenue mi-militaire, mi-médicale nous a fait entrer dans la salle d'accueil pour remplir les papiers et nous faire enfiler des pyjamas et des robes de chambre ; les blessés ont aussitôt été dirigés vers les salles d'opération. Je me sentais épuisé et je ne pensais qu'à me coucher et dormir, j'avais l'impression qu'un train m'avait roulé dessus. J'avais horriblement mal partout mais je ne réussissais pas à l'expliquer clairement aux médecins. En plus de mon problème d'œil, j'avais des douleurs dans le dos et les jambes.

Les papiers enfin faits, on m'a accompagné dans une chambre où une infirmière m'a donné une mixture et un cachet – « pour mieux dormir ». J'étais très étonné de voir que cet hôpital était neuf et moderne, les chambres étaient à deux lits avec douche, toilettes, air conditionné et une deuxième porte qui donnait directement sur la rue. Il faisait frais, c'était calme et confortable. Après le front, ça me paraissait plus luxueux que les hôtels Radisson ou Hilton. J'avais rêvé d'une douche mais là, malgré mes mains incrustées de boue, je n'en avais pas la force. Je me suis endormi à peine allongé, sans changer de position toute la durée de mon sommeil. Celui qui n'a pas dormi directement par terre quand il gèle, sans enlever ses chaussures, avec un sentiment de danger permanent, ne peut pas comprendre la béatitude que procure un sommeil dans un lit avec des draps propres, dans le silence et la sécurité. Mon compagnon de chambre s'est installé alors que je dormais, un soldat qui était avec moi dans le bus. Il avait un tympan déchiré et n'entendait plus que d'une oreille. Ils avaient installé le sourd et l'aveugle dans la même chambre.

24 février, après-midi

À genoux, je fume en regardant autour de moi. Il fait toujours très beau, on se croirait au printemps. Il est environ dix-sept heures, le soleil est déjà couché. Le 24 février 2022, je suis inquiet. Je pense à ma mère à Krasnodar, à ma sœur à Moscou, à toutes les filles que j'ai connues. Je ne suis toujours pas marié et je n'ai pas d'enfants. J'ai une boule dans la gorge.

Les dix dernières années, j'avais travaillé avec les chevaux, c'était pas trop mal mais je ne gagnais pas assez pour économiser pour un logement. J'avais aussi envie de m'amuser et de bien m'habiller. C'est pour ça qu'à trente-deux ans je rempile pour l'armée. Je me disais que je prendrais un crédit militaire parce que les années filaient, qu'il était temps d'être sérieux et de penser à l'avenir. Finalement, ma solde est inférieure à trente mille roubles et je n'ai aucune envie de servir une armée comme celle-ci.

Je me souviens de ce que me disaient tous ceux qui me connaissaient vraiment : mon problème, c'est que je tenais trop à la vérité, que j'étais fier, têtu et idéaliste ; que je voulais que tout soit parfait autour de moi mais que ce n'était pas possible. Peut-être qu'ils avaient raison ; même à l'armée, j'ai tout de suite été un caillou dans la chaussure de mes supérieurs parce que je réclamais le respect de mes droits. Mes compagnons d'armes me disaient que les plaintes transmises au ministère de la Défense ne servaient à rien, que le système était impossible à changer et que ce serait plutôt lui qui me « mâcherait menu » avant de me recracher. Ils avaient raison, je n'ai rien obtenu sinon de me mettre mes supérieurs à dos. C'est sans doute pareil maintenant. Pour le moment, les communications sont coupées, ça arrive, tout le monde est aussi fatigué que moi et personne ne comprend rien. Ils n'ont pas pris les positions de défense, bon, ils savent sans doute qu'il y a d'autres sous-divisions sur nos flancs. Après tout, ça ne va peut-être pas si mal et j'ai peut-être tort de m'emballer ?

Je comprends bien qu'il se passe quelque chose de global, mais quoi exactement ? Les pensées les plus diverses tournent dans ma tête. Ce n'est pas possible que nous ayons simplement attaqué l'Ukraine. L'OTAN a dû vraiment s'en mêler et nous sommes intervenus ? Et s'il y avait des combats aussi en Russie ? Les Ukrainiens nous ont attaqués avec l'OTAN ? Il se passe quelque chose aussi en Extrême-Orient ? Si l'Amérique est entrée en guerre contre nous, ce sera à une échelle immense, quelqu'un finira par utiliser l'arme nucléaire, oh, putain ! C'est n'importe quoi… j'ai le choix entre deux possibilités : je laisse tomber et je gagne l'arrière en direction de la Crimée ou bien je fais ce qu'on me demande de faire et j'arrête de m'inventer des histoires, de toute manière je n'apprendrai rien de sûr.

Les camions s'éloignent sur les flancs de la colonne, formant un semblant de défense. Une partie des véhicules, surtout des BMD, repartent vers l'avant. La discussion continue dans ma tête : « Quelle connerie ! Pourtant je le savais bien que ce putain de bordel du temps de paix allait devenir un bordel militaire, alors qu'est-ce que je suis venu foutre dans cette armée ? Même le retour de la Crimée ne m'a pas fait plaisir, j'étais contre ce foutoir dans les républiques du Donbass et de Lougansk, mon pays n'avait rien à faire en Syrie et maintenant je ne sais même plus où je suis avec ce commandement incompétent. Un connard a probablement abattu ce gars dans le dos sans le faire exprès, exactement comme j'ai failli me faire tirer dessus ce matin par les nôtres. Un soldat a eu la jambe cassée en tournant mal son canon de tourelle en direction des BMD, un autre une jambe écrasée par une chenille. Cette armée n'a pas besoin d'ennemi, elle fera le boulot toute seule. »

Je me lève et rejoins les miens. À environ deux cent cinquante mètres, les soldats commencent à se préparer, ben voyons, on nous fait mettre en rangs au milieu d'un champ alors que les combats font rage. La division d'artillerie à laquelle j'appartiens maintenant en tant que « servant de mortier » se met en rang. Le commandant me salue du bout des lèvres en lançant un regard à mon œil tout collé. Avant, nos relations n'étaient pas mauvaises mais, depuis ma plainte malvenue au ministère de la Défense, il garde ses distances. Je me mets dans le rang en me répétant que tout ça n'est qu'une aberration. Je pense à mon père qui est mort jeune, à mes quinze années d'enfance passées dans la garnison de son régiment, le 56e aéroporté.

Aujourd'hui, dix-sept ans plus tard, tout a changé. Je ne vois rien de commun entre les forces armées parachutées d'aujourd'hui et celles de l'époque. Les gens ne sont plus les mêmes, ils n'ont plus le même éclat, la même lumière dans les yeux. J'appartiens aujourd'hui au 56ᵉ mais ce n'est plus qu'un nom.

Le commandant essaye de nous remonter le moral en nous disant que les communications sont coupées – il ne sait fichtre pas pourquoi –, mais que l'essentiel est de ne pas faire dans notre froc ; alors on va avancer en abandonnant les engins enlisés (c'est pas trop tôt !), se préparer au combat et rejoindre ceux qui sont partis devant. Ils nous attendent mais la communication est coupée avec eux aussi et on prévoit des embuscades de groupes de diversion ukrainiens sur notre chemin. Il essaye de nous motiver avec un courage factice mais je vois bien dans ses yeux que lui aussi est complètement paumé. Bravo quand même, il a au moins donné quelques informations.

La nuit commence à tomber. Pendant que chacun regagne son véhicule, le puzzle se met petit à petit en place dans ma tête. Deux compagnies du bataillon d'assaut sont parties devant avec mon commandant de bataillon. Ma compagnie a bifurqué depuis longtemps parce qu'elle doit emprunter un autre chemin pour atteindre le pont. Le commandant du régiment des BMD a ensuite suivi le bataillon d'assaut parce qu'il ne pouvait pas établir le contact avec lui. Nous devons suivre le rythme pour arriver simultanément sur le pont. Selon les plans, notre régiment tout entier, renforcé par les sous-sections de la 7ᵉ division des forces armées parachutées, doit arriver pour midi, se rassembler sur le pont et entrer dans Kherson.

La nuit est arrivée quand la colonne redémarre, laissant derrière elle une partie des engins enlisés. Je suis avec un jeune tireur de mortier dans l'Oural sans freins, assis sur les caisses d'obus après avoir préparé les fusils pour le combat. Je pense à ma compagnie et à ceux qui sont à l'avant. Ça doit être la grosse pagaille et je suis mal à l'aise de ne pas être avec eux. Je n'ai pas d'amis proches parmi eux mais s'ils sont en danger et que je les ai abandonnées à cause de mon fichu caractère, ce n'est pas très correct. On m'appelait « l'ancien combattant » pour m'asticoter et je me vexais, mais maintenant, c'est l'ancien combattant qui est à l'arrière et ma compagnie est dans la merde.

Si on tombe dans une embuscade de nuit, on n'a presque aucune chance de s'en sortir face à un ennemi bien entraîné. Plus personne ne plaisante, tout le monde est d'un seul coup devenu plus mûr et plus sérieux.

Environ trente minutes plus tard, la colonne s'arrête. Nous restons immobiles pendant presque une heure, il fait complètement noir. Nous recevons l'ordre de rester en place jusqu'à l'aube, d'« éteindre les moteurs, de ne pas allumer les phares et d'attendre l'ennemi ».

La colonne se déploie à découvert comme en période de paix. Si un ennemi expérimenté nous attaque au milieu de la nuit, je ne donne pas cher de notre peau, surtout la mienne, moi qui suis dans ce camion chargé d'obus. La colonne est constituée d'environ trente véhicules, des camions, les deux blindés-82 de reconnaissance, quelques BMD-2 et BMD-4, des véhicules de commandement « Coquillage ». Il suffirait de faire exploser les blindés, qui ne résisteraient pas à des grenades à main antichars, sans parler des Javelins, et après ça de mitrailler la colonne ; dans le noir et endormis, nous ne pourrions même pas dire d'où viendraient les tirs.

Nous décidons de dormir. Nous ne sommes que quatre dans notre groupe de servants. Avec un autre gars, nous nous allongeons dans la caisse (on m'a donné un sac de couchage appartenant à je ne sais qui) et les deux qui étaient dans la cabine y restent pour dormir. Tous les trois véhicules, deux soldats sortent en patrouille, vingt soldats donc pour garder la colonne[1]*. Nous nous installons dans nos sacs de couchage sans nous déchausser et nous nous étendons sur les caisses d'obus, nos mitraillettes dans les bras. Nous n'avons rien mangé. Nous nous endormons vers trois heures du matin. Une petite pluie fine commence à tomber.*

Je ne sais plus combien de temps j'ai dormi. L'infirmière est venue me voir le matin pour me faire une prise de sang mais j'arrivais à peine à ouvrir les yeux et je me souviens que je ne réussissais pas à me réveiller, mes yeux se fermaient tout seuls et je me rendormais ; on m'a réveillé pour le déjeuner et conduit dans un autre bâtiment plus ancien chez l'ophtalmo. Il consultait au cinquième étage. J'ai eu beaucoup de mal à monter les escaliers, chaque pas me causait des douleurs dans tout le corps et l'adrénaline ne venait plus à mon secours. L'aide-soignante qui m'accom-

1. Cette colonne comptait donc une trentaine de véhicules.

pagnait, une vieille femme bien en chair, a grimpé l'escalier plus vite que moi. L'ophtalmo m'a ausculté, j'ai trouvé que son matériel n'était pas mal. Il a déclaré : « Tu as tout bonnement une kératite ponctuée des deux yeux avec un astigmatisme. » Il m'a également dit que j'avais une vision de 5,5[1] aux deux yeux et a écrit un long compte rendu tout en téléphonant au service d'ophtalmologie pour que j'y sois admis. Comme je l'ai appris plus tard, les gens ne restaient pas longtemps dans cet hôpital exemplaire, ils étaient transférés dans les hôpitaux ou les maisons de repos d'autres villes. On m'a raccompagné dans ma chambre où j'ai enfin pris une douche. J'ai dû me savonner et me frotter trente minutes sous l'eau chaude pour me débarrasser de la boue incrustée dans ma peau. Ensuite est arrivé le repas, la cuisine était très bonne, comme à la maison. Je me suis recouché et je suis retombé dans un sommeil profond.

Dans la soirée, j'ai été réveillé par le médecin qui m'a demandé de m'habiller parce que j'étais transféré dans un autre hôpital. Je ne sais pas pourquoi, j'ai eu beaucoup de mal à me réveiller ; j'ai renfilé maladroitement mon uniforme tout en discutant du prochain traitement avec mon camarade de chambre. À peine cinq minutes plus tard, le médecin est repassé et elle a commencé à pester d'un air courroucé en me reprochant de traînailler ; j'ai remarqué qu'elle avait un grade de

---

1. Indicateur de myopie moyenne selon le mode de calcul en vigueur en Russie.

commandant et mon irritation a explosé. Il n'y a que dans notre armée moderne qu'une chose pareille est possible. Les médecins militaires ont leur propre hiérarchie et sont chargés des soins dans les hôpitaux mais ils ont souvent aussi des grades élevés. Conformément à la charte militaire, ce sont des officiers supérieurs qui se croient autorisés à traiter de haut les simples contractuels. Ils nous parlent parfois sur un ton que ne se permettent même pas nos commandants directs des forces armées parachutées.

Tout homme adulte qui se respecte se sent humilié quand on lui parle comme ça ; je pouvais aussi lire dans ses yeux qu'elle considérait que son grade de commandant lui donnait une supériorité sur moi ; son ton m'a rendu fou de rage. J'ai participé à des opérations militaires, j'ai risqué ma vie et perdu ma santé, et elle se permet de me crier dessus et de me rabaisser sous prétexte qu'elle est commandante et moi simple contractuel, pas au meilleur de ma forme, maigre, hirsute, vêtu d'un pyjama d'hôpital du plus bel effet, me levant avec difficulté de mon lit comme un vieux pépère parce que j'ai mal partout.

Ce genre de comportement est général dans les services médicaux militaires, j'en ai été victime et j'en ai entendu parler : un généraliste ou un chirurgien du service médical, avec un grade de commandant ou de capitaine mais qui n'a pas passé un seul jour sur le terrain, essaye non de te soigner (c'est pourtant son premier devoir) mais de te rabaisser. Dans cette histoire, je me sentais déjà vachement mal, pas un seul médecin n'était venu me voir de toute la journée pour m'examiner. Et la voilà qui débarque à la nuit tombante pour me dire en hurlant que je ne m'habille pas assez vite… Je pense que je devais avoir des yeux de fou à ce moment-là mais la seule chose que j'ai réussi à sortir, c'est : « Ne me criez pas dessus ! » J'ai continué à nouer les lacets de mes rangers tranquillement, pas pour la mettre en colère mais parce que je ne pouvais pas faire plus vite. Madame était fâchée. Elle a hurlé : « Comment oses-tu me parler sur ce ton ? Je vais appeler la police militaire. »

Je me suis éloigné d'elle pour aller m'asseoir un peu plus loin et lui ai répondu en haussant le ton : « Écartez-vous, appelez la police militaire si vous voulez mais ne me gueulez pas dessus. » Madame la commandante n'avait pas eu sa dose de domination et elle est sortie de la chambre en rage tout en me menaçant de représailles alors qu'elle n'avait aucune raison légale de le faire. Deux minutes plus tard, mes lacets noués, j'ai dit au revoir à mon voisin de lit, le sourd, je suis sorti, un gros sac-poubelle sur l'épaule (je n'avais pas de sac à dos) dans lequel se trouvaient ma combinaison et mes baskets (cadeau d'un spetsnaz[1] de Stavropol). Dans la cour, j'ai vu que la voiture qui devait m'attendre n'était pas là, tout le foin qu'elle avait fait en disant que le chauffeur en avait marre de m'attendre, c'était donc du flan. Il pleuvait, j'ai attendu dehors une bonne dizaine de minutes, moi aussi j'étais énervé à cause de ce médecin hystérique et j'ai préféré rester là plutôt que de retourner à l'hôpital, de peur de la

1. Forces spéciales.

croiser. Un camion est entré en trombe dans la cour et au moment où je suis monté dedans, madame est sortie pour donner des papiers au chauffeur en lui demandant de ne pas me les montrer. Nous sommes partis.

C'est d'ailleurs la même qui dormait profondément la nuit dernière et était venue nous accueillir de mauvaise humeur au bout d'une demi-heure alors que nous, les soldats évacués, restions dehors dans le froid. Bon, moi ce n'était pas bien grave mais presque tous les autres étaient blessés par balle ou par des éclats d'obus. Les pansements de certains dégoulinaient de sang, d'autres râlaient parce que les analgésiques ne faisaient plus effet. Supporter la douleur en zone de combat, ça se comprend. Mais là, quand on est « à la maison », que tous les services sociaux financés par l'État dans ce but précis devraient fonctionner, pourquoi être traité avec une désinvolture pareille ? Un blessé peut y laisser sa peau ou rester infirme mais ce n'est pas une négligence médicale criminelle ? Allons, nous savons bien que les militaires n'ont pas le droit de propager des informations critiques sur les problèmes de l'armée.

Je ne voudrais pas manquer d'objectivité, après tout il est possible que cette femme soit quelqu'un de bien et de responsable. Si elle dormait quand un bus de blessés est arrivé, c'est peut-être parce que les hôpitaux sont en sous-effectif et qu'elle fait quantité d'heures supplémentaires non payées. J'ai entendu beaucoup de personnel infirmier et de médecins se lamenter. Mais je me demande une fois de plus s'ils ne sont pas en partie responsables. Comme les soldats, ils ne portent pas plainte auprès des comités de travail, devant la justice ou les tribunaux (plus compliqué encore) pour être obligés d'assumer les tâches de plusieurs personnes sans se faire payer leurs heures supplémentaires, sans avoir le matériel et les médicaments nécessaires. Ils supportent tout, au bout du compte la qualité de leur travail s'en ressent et après, ils se défoulent sur les autres. Le médecin qui m'a par exemple évacué du front m'avait demandé de transmettre aux unités médicales qu'il n'avait ni seringues ni antalgiques. Un médecin du front ! Si le but était de se débarrasser de nous, je comprendrais, mais comme ce n'est pas le cas, qui répondra des milliers de vies des soldats russes qui exécutaient les ordres mais n'ont pas reçu l'aide médicale de qualité garantie par la loi ?

Pourquoi l'armée aurait-elle un service médical à elle ? Bien sûr, je ne parle pas de la médecine du front et de celle d'urgence, qui sont nécessaires. Mais pourquoi ne pas créer des hôpitaux modernes et indépendants pour les militaires avec des médecins qui seraient là pour nous soigner et pas essayer de nous rabaisser ? Comment peut-on mettre sur le même pied quelqu'un qui fait vraiment la guerre et quelqu'un qui n'a rien à voir avec le terrain ? De plus, les soins dans les hôpitaux militaires sont loin d'être idéaux, mais ce personnel obtient les mêmes avantages que les combattants ; ils ont les mêmes grades élevés mais eux n'iront pas pourrir dans les tranchées comme nous…

Un de mes camarades, mort à l'aéroport de Nikolaev, avait une hernie hiatale, diagnostiquée l'été dernier à l'hôpital de Féodossia. Il m'a raconté qu'alors qu'il était déjà sur la table d'opération, sous anesthésie locale, conscient d'être déjà incisé, il avait entendu les médecins chuchoter qu'ils n'avaient pas trouvé de hernie ! Il y a des milliers d'histoires comme celle-là, mais il est impossible d'obtenir la vérité et de punir les coupables : le système des rapports entre les services publics et la justice est ainsi fait. Les simples contractuels sont le plus souvent insuffisamment informés de leurs droits et le parquet militaire ne leur vient pas en aide s'il n'y a rien qui puisse servir ses intérêts à ce moment précis.

Poursuivant sur le même thème, je dirais même que je suis contre la présence de femmes dans l'armée russe, à moins qu'elles ne fassent un service militaire identique à celui des hommes comme en Israël. Dans notre armée, la grande majorité des femmes servent de décoration ; la plupart du temps, elles sont pistonnées par leurs maris ou leurs amants, à l'exception d'un petit nombre d'aides-médecins[1] dans certaines compagnies qui s'efforcent vraiment de venir en aide à ceux qui en ont besoin malgré leur peu de pouvoir. Je ne parlerai pas du général Choïgou, qui a donné à ses jeunes favorites des grades et des postes supérieurs à celui de commandant de régiment. Il fallait vraiment y penser, surtout ne rien comprendre à son armée et ne lui porter aucun respect.

1. Niveau intermédiaire entre l'infirmière et le médecin dans la nomenclature médicale russe.

Pour continuer sur le sujet, il suffit de comparer la trousse d'urgence du soldat russe à celle du soldat américain (que l'on trouve souvent dans l'armée ukrainienne) : dans la trousse russe il est censé y avoir un garrot, une bande et du Promédol. La pratique montre que sur le front les soldats n'en ont même pas, alors qu'il est presque impossible de comprendre le contenu d'une trousse américaine sans la notice ; ce serait un peu comme la différence entre une Jigouli[1] et une Mercedes. Mais nous n'avons pas le droit de parler de notre service, sinon tout le monde serait au courant ; il est plus facile de cacher les problèmes que de les régler.

J'ai allumé une autre cigarette en essayant de me calmer pendant que le chauffeur me conduisait à l'autre bout de la ville au service d'ophtalmologie. Il m'a raconté que les blessés n'étaient pas gardés longtemps ici, qu'ils étaient vite répartis dans d'autres hôpitaux. J'ai remarqué mon dossier et lui ai demandé de me le montrer. J'y ai trouvé un compte rendu de mes problèmes de santé avec une foultitude de résultats d'analyses et d'examens que je n'avais jamais faits. Beaucoup de papiers dont les cases étaient pour la majorité remplies au pifomètre. Il était noté que j'avais reçu de la terre dans les yeux au cours de l'opération spéciale en Ukraine.

Sans cette paperasse et leur grosse charge de travail,

1. Jigouli : première voiture soviétique fabriquée à partir de 1966 et qui a la réputation d'être de très mauvaise qualité.

les médecins s'occuperaient peut-être plus sérieusement de leurs patients. « Se plaint de douleurs dans le dos et les jambes »... en bas, au feutre vert salade, une phrase manuscrite : « se comporte de façon agressive et ne respecte pas la discipline militaire » !

Voilà tout ce qu'il faut savoir de l'armée : si tu ne te mets pas à genoux devant un officier supérieur et ne prends pas devant lui l'air débile de celui qui est prêt à tout accepter, tu te retrouves marqué au fer rouge ; quant à obtenir le respect de la discipline militaire à ton égard, c'est pratiquement impossible. C'est pourquoi certains soldats perdent patience face à l'injustice dont ils sont victimes et entrent en conflit direct avec leurs supérieurs. Et là, tu peux faire une croix sur ta carrière, parce que dans l'armée d'aujourd'hui il faut que « Guérassim [soit] toujours d'accord[1] ».

La traversée de Sébastopol au milieu de la nuit touche à sa fin et nous sommes entrés sur l'immense territoire de l'hôpital militaire ; les bâtiments n'étaient vraiment pas de première fraîcheur, héritage soviétique comme presque tout ce qui nous entoure et provient d'un grand pays appartenant au passé. Je passe une fois encore par l'enregistrement et suis dirigé vers le service d'ophtalmologie. Il est environ 21 heures. Le bâtiment d'ophtalmologie est encore pire, moi qui pensais qu'au

1. Référence à la nouvelle de Tourguéniev dans laquelle le serf Guérassim, qui est muet, noie son chien sur l'ordre de sa maîtresse.

retour du front je serais bien soigné ! En vérité, cet hôpital est, comme le légendaire char Armata[1] tant attendu et jamais arrivé, et comme tant d'autres choses, simplement de la poudre aux yeux.

1. Char de nouvelle génération promis à l'armée en 2022.

25 février, matin

Il est deux heures du matin. Nous sommes à peine endormis que la patrouille nous réveille pour être remplacée, en tout cas c'est notre impression. Nous étions gelés jusqu'aux os dans notre sommeil. Au loin, des tirs et des explosions. Nous patrouillons dans l'obscurité la plus totale en marchant d'un pas énergique pour essayer de nous réchauffer. Nous sommes devenus plus proches les uns des autres et les officiers sont plus conciliants. Une heure plus tard, nous réveillons la nouvelle équipe de patrouille et nous nous endormons, toujours frigorifiés, emmitouflés dans nos sacs de couchage.

Vers cinq heures du matin, tout le monde est réveillé, nous nous préparons au départ ; en réalité nous sommes prêts, personne ne s'est déshabillé et ne s'est installé dans un lit, on a tous dormi dans des véhicules au moteur éteint et je n'ai vu personne enlever ses chaussures. Nous attendons et finissons par démarrer avec l'aube. On fait savoir dans toutes les voitures qu'il y a des risques d'embuscades. Les blindés de reconnaissance sont devant nous, les autres véhicules légèrement derrière. Nous sommes ragaillardis ; je suis surpris que nous n'ayons pas été attaqués pendant la nuit étant donné notre position vulnérable. Cela veut dire que tout ne va pas si mal. Soit les forces ukrainiennes sont dans un pire état que nous, soit nous allons tomber dans un piège.

La colonne avance sur des chemins de terre qui traversent de minuscules agglomérations. Un autre camion s'embourbe, il s'est enfoncé dans le sable dans la montée à cause de sa surcharge. Nous répartissons les obus dans les autres camions. Comme les autres, je porte ces caisses très lourdes tout en râlant que nous ferions mieux d'abandonner le camion pour nous dépêcher de rejoindre nos compagnons au lieu de perdre encore du temps. À côté de moi, une vieille connaissance, un officier, se moque de moi : « Eh ben, tu n'as qu'à envoyer une réclamation au ministère de la Défense ! », et il reste là à me regarder d'un œil triste en attendant ma réaction. Je lui sers tout un discours, si tout le monde se comportait comme moi, suivait une véritable formation au combat au lieu de faire des rapports photo, des croquis inutiles ou des travaux de sous-fifre, on n'en serait pas là, dans cette merde, sans communication et avec un tas d'engins incapables d'aller jusqu'à Kherson.

Il détourne le regard comme si quelque chose attirait son attention. Est-ce qu'il ne veut pas parler ou bien est-ce qu'il est d'accord avec moi ? Conformément à la discipline militaire, je n'ai même pas le droit de m'adresser à lui sur ce ton et je décide de ne pas rester là. Sans un mot, je m'en vais transborder d'autres caisses.

Une heure plus tard, le camion que nous avons déchargé réussit à se dégager du sable. La colonne se retrouve sur une route bitumée et s'arrête encore une fois. Je maudis le monde entier, l'endroit est parfait pour une embuscade avec des broussailles des deux côtés.

Je saute de l'Oural sans freins et j'allume une cigarette en longeant la colonne. Le blindé de reconnaissance est à proximité mais j'ai l'impression de ne connaître personne. Le régiment a été formé depuis peu, nous ne nous connaissons pas tous et le bataillon de reconnaissance de la 7e division vient de compléter le régiment. Ne trouvant pas de visage familier, je me dis que le blindé doit venir de la 7e, alors je le dépasse sans un mot en me délectant d'une de mes dernières cigarettes. Mais un soldat dans le blindé m'appelle joyeusement : « Alors, on dit pas bonjour ? » C'est le jeune sous-lieutenant qui avait assuré ma première formation de chasseur parachutiste ! Il avait beau être beaucoup plus jeune que moi, c'était un des rares officiers pour lesquels j'avais vraiment du respect. Je l'avais rencontré plusieurs fois au stade, c'était un très bon coureur, probablement le meilleur du régiment. Ses supérieurs n'étaient pas encore arrivés à lui retirer l'envie de servir dans l'armée. Il avait donc obtenu son transfert dans une compagnie de reconnaissance, ce que je n'avais pas réussi à faire pour ma part, toujours à cause de mes relations avec mon chef de compagnie et de ma foutue idée d'écrire au ministère de la Défense pour casser ce système pourri. On reste un peu à parler de tout et de rien en souriant. Je remarque que nous nous appelons de plus en plus souvent « frangin ». Quand on rencontre des personnes que l'on connaît, la conversation est toujours chaleureuse.

Soudain, le médecin-chef du régiment est devant nous,

il cherche une place pour installer un blessé. Je l'avais vu pendant ma patrouille de la nuit ; malgré l'incident qui nous a opposés (quand j'étais à l'hôpital pour une pneumonie, je n'avais pas été inscrit dans la liste des malades), nous discutons sans problème de ce qui se passe. Voyant qu'il n'y a que deux personnes dans la caisse de l'Oural sans freins et qu'elle est remplie de caisses d'obus sur lesquelles on peut coucher le blessé sur un brancard, c'est notre véhicule qu'il choisit.

Installant le gars qui délire à l'arrière, il monte avec nous, lui fait une piqûre, l'enveloppe d'une couverture de survie et le couvre d'un sac de couchage. Il nous demande de le surveiller et de lui faire un garrot en cas d'hémorragie. On dirait que c'est le soldat qui a eu la jambe écrasée par une manœuvre du canon de BMD. Il est allongé et gémit tout doucement, sans cesser de vérifier qu'il ne fait pas une hémorragie. Il n'arrête pas de dire qu'il a froid, alors nous le couvrons de nos sacs de couchage.

Comme je l'ai su plus tard, ce gars est mort. Au lieu de l'évacuer à l'hôpital où de belles infirmières attentionnées s'occuperaient de lui comme dans les films américains, nous avons continué de le transporter vers l'arrière, allongé sur des caisses d'obus dans la caisse de l'Oural.

Nous restons à ses côtés toute la nuit, assis dans un coin. Nous sommes aux aguets, dans l'attente d'une embuscade. J'ai déjà compris qu'en cas d'attaque notre rôle est de décharger tout de suite les mortiers, de les installer, de s'informer des coordonnées et d'ouvrir le feu pour épauler l'infanterie. Ce sont des mortiers de 82 mm avec une portée de tir maximale de quatre kilomètres[1]*. Personne ne s'en est encore servi, la batterie vient de les recevoir. Avant cela, les gars utilisaient des 120 mm tractés. Génial, comme d'habitude, tout est fait à la dernière minute et il faut se débrouiller sur le tas.*

Les routes sont très mauvaises, nous passons des datchas, des serres, des bourgs. Dans les agglomérations, quelques rares personnes nous accompagnent d'un regard sinistre. Sur les toits, des drapeaux ukrainiens nous narguent. Ils nous sautent aux yeux et nous sommes partagés entre le respect pour le patriotisme courageux de ces gens et un sentiment de malaise : l'ennemi nous montre qu'il n'est pas heureux de nous voir arriver. Nous restons sur nos gardes, ces maisons nous donnent le sentiment d'être dangereuses ; je réalise que si l'une d'elles me semblait suspecte je ferais feu sans hésiter – car la moindre inattention ou le moindre retard signifieraient la mort pour mes camarades et moi. Il est dangereux d'avoir des doutes. En même temps, je n'ai envie de tuer personne, je voudrais que tout se passe sans que le sang coule. Je ne comprends toujours pas ce qui nous attend ni la situation dans laquelle nous sommes. Que se passe-t-il dans le monde ? Qui est l'agresseur ? Pourquoi voulons-nous prendre Kherson ? Que sont devenus ceux qui sont partis en avant hier soir ?

Nous arrivons sur la route vers huit heures et au bout

1. Des coordonnées ne suffisent pas pour régler un tir avec ce matériel. Ce n'est jamais précis du premier coup. Il faut donc observer les explosions puis ramener les coups sur l'objectif, l'observateur donnant des directives au tireur (« plus près 200 ou plus loin 300 »).

de quelques kilomètres, nous tombons sur nos engins : des blindés légers, des Tigre. Ils ne sont pas de la cinquante-sixième, et je leur crie : « Hé, les gars ! Vous venez d'où ? » Leur réponse : « Onzième brigade, et vous, vous venez d'où ? » Nous continuons lentement notre chemin. Un blindé accidenté est échoué sur le bord de la route, puis d'autres blindés tout aussi détériorés, des véhicules militaires criblés de balles ou brûlés, des camions abandonnés avec des obusiers, certains aux multiples impacts de balles. Je ne sais pas à qui ils appartiennent, la peinture des obusiers n'est pas tout à fait habituelle, certains véhicules sont verts, comme les nôtres, d'autres d'une couleur indéfinissable. La route est jonchée de verre, de sang, de traces de brûlé et de cartouches, l'air sent le sang et la guerre. Certains véhicules fument encore, pourtant sur certains on peut encore lire la lettre Z sur les côtés, mais un Z minuscule. On dirait que les engins allaient dans la direction opposée. Est-ce que ce sont les nôtres qui ont tiré sur une colonne de l'armée ukrainienne se dirigeant vers Kherson ? Mais pourquoi l'armée ukrainienne aurait-elle dessiné des petits Z sur les flancs de ses véhicules ? Ou alors ce serait vraiment notre armée ?

Le bruit court maintenant que notre armée aurait éliminé cette nuit sa propre colonne. Un appelé de petite taille au dos voûté avec qui j'ai par la suite partagé une chambre à l'hôpital ophtalmologique de Sébastopol le confirme… Les camions commencent à se ranger en colonnes. Je comprends que ce sont ceux de ma compagnie. Notre colonne s'arrête aussi à côté, je descends de l'Oural sans freins pour aller retrouver mes compagnons. Ils ont l'air totalement perdus. Je vais de voiture en voiture et je leur demande comment ils vont. Leurs réponses sont confuses : « Putain !

Quel bordel ! » « On s'est battus toute la nuit, t'as pas des cigarettes ? » « Non, mais je rêve, et t'as quoi à l'œil ? » « J'ai dégagé les cadavres de la route, y en a un qui avait laissé son cerveau sur le bitume. » « Donne-moi une clope, nous on n'en a plus, et toi, c'est quoi qui t'a défoncé la tronche ? » « Ah ! salut, t'étais où ? Passe-moi une clope ! »

Des autobus civils, des taxis, des ambulances passent sans cesse devant nous, manœuvrant entre les engins militaires. Certaines voitures semblent suspectes mais personne ne prête attention aux civils, sauf pour les arrêter et leur demander des cigarettes. Tout le monde a l'air épuisé mais ici aussi on entend de plus en plus souvent les gens s'appeler « frangin ».

Je croise le regard d'un sergent qui m'est supérieur en grade et je décide de lui laisser le passage, ce n'est vraiment pas le moment de se disputer. Une blessure en 2014, dès les premiers jours de la guerre, lui a valu une décoration pour bravoure. Il aimait beaucoup raconter à ceux qui n'avaient pas été blessés qu'il était un vrai pro et d'habitude ça m'amuse de l'écouter raconter ses histoires, je me tais, un sourire aux lèvres. Mais le 22 février, quand il a raconté aux autres gars autour du feu que sa brigade avait « écrasé les Khokhols comme des cafards » dans un village ou encore qu'ils avaient anéanti un régiment de l'armée ukrainienne, mon sang n'avait fait qu'un tour. Je sais le mal que peuvent faire ces « récits autour du feu ». Je m'en suis mêlé en posant des questions qui le mettaient en porte-à-faux. En une journée, c'en était fini de nos relations et on voyait bien qu'il était un peu retombé sur terre. Je circule de voiture en voiture dans mon ancienne compagnie en saluant mes camarades, vraiment content de les voir. Je demande s'il y a eu des pertes dans nos rangs et ils me racontent que le jeune lieutenant, celui avec qui je me suis disputé et en partie à cause de qui je me trouve actuellement dans une autre sous-section, ce lieutenant, donc, a disparu. J'apprends par la suite qu'il est parti à l'avant avec le commandant de bataillon et deux compagnies, que personne ne sait ce qu'ils sont devenus mais qu'ils sont probablement dans une grosse merde.

Pourquoi ma compagnie n'a-t-elle pas été du voyage ? C'est à n'y rien comprendre. Un gars de la compagnie qui a l'air un peu plus futé que les autres me donne des nouvelles. « Pacha, c'est terrible, on dirait que notre chef de compagnie a fait une connerie, il s'est trompé de destination, nous nous sommes perdus mais il nous a sauvés par la même occasion. Le commandant de bataillon et ses deux compagnies sont probablement foutus. Le chef du régiment est venu ce matin, il a remonté les bretelles au chef devant tout le monde. Et toi, t'étais où ? Donne-moi une cigarette ! »

En me promenant le long de la colonne, je discute avec d'autres gars de la brigade des parachutistes et des spetsnaz de la Marine. Ils ne sont pas nombreux mais ces sections utilisent les blindés légers Tigre. Une seule chose est claire : cette compagnie a reçu son baptême du feu et heureusement, tous ont l'air sains et saufs, si étrange que cela puisse paraître. Ils racontent que les combats ont duré toute la nuit ; les gars m'expliquent que trois parties tiraient : les nôtres, les Ukrainiens et quant à la troisième, mystère ! C'est vraiment incroyable qu'il n'y ait aucune perte après des combats qui ont duré toute la nuit. Comme on dit, plus de peur que de mal !

Nous recevons l'ordre de retourner aux voitures. En essayant d'assimiler les informations que je viens de récolter, je grimpe dans l'Oural en essayant de ne pas me cogner l'autre œil. Le blessé n'est plus là. Bon, alors ça ne va pas si mal dans cette armée.

Nous reformons la colonne sur plusieurs rangs. Mon compagnon tireur de mortier vient nous donner de l'eau et deux rations. Hier, nous n'avons pas mangé ; nous buvons et ouvrons une ration, nous en sortons une boîte de conserve et la mangeons froide, j'ai l'impression de ne pas avoir tellement faim, une légère excitation liée à l'adrénaline me coupe l'appétit. Je sais bien que nous nous préparons à repartir sur Kherson et qu'il y aura probablement du grabuge.

Des civils passent sur la route le long de la colonne, avec des sacs. Ils s'enfuient, sans doute. À pied ou en voiture, ils quittent tous Kherson, la ville vers laquelle nous nous dirigeons. J'ai pitié d'eux mais je suis aussi en colère. Pourquoi les voitures des civils ne sont-elles pas contrôlées ? Pourquoi passent-elles au milieu de la colonne en l'empêchant de se former ? Tout le monde comprend très bien que c'est la guerre et que personne ne va nous accueillir à bras ouverts. Parmi ces personnes il y a probablement des militaires qui peuvent à n'importe quel moment transmettre notre position à l'artillerie, l'aviation ou un drone, et alors c'est la fin des haricots pour notre colonne bien compacte installée sur la route.

Un jeune homme en civil qui passe à côté de nous attire

mon attention. Contrairement aux autres, il va dans la direction de Kherson. Je me lève et lui crie : « Hé toi, viens ici ! » Il s'approche, l'air effrayé. C'est un jeune homme d'une vingtaine d'années, basané et de petite taille, ses vêtements sont sales et trop grands pour lui. Je vois bien qu'il tremble de peur devant moi. Il a quelque chose de louche et je lui demande comment il s'appelle et pourquoi il va dans cette direction. Il me répond en parlant très vite dans un russe fortement teinté d'accent ukrainien qu'il travaille dans un entrepôt de légumes. Son patron lui a dit qu'il n'y avait plus de travail à cause de la guerre alors il rentre chez lui, dans la région de Nikolaev.

J'ai l'impression qu'il me raconte n'importe quoi, il ne m'inspire pas confiance et ressemble plutôt à un soldat habillé en civil venu en reconnaissance, ou à un déserteur. Je lui dis ce que je pense et il se met à trembler encore plus fort en essayant de se justifier, il bégaye et me montre son passeport en plastique. Il a bien vingt ans. Nous essayons de le calmer en lui assurant qu'il ne lui arrivera rien mais qu'il vaut mieux ne pas aller à Kherson parce que ça va chauffer et que les civils feraient mieux de ne pas se trouver au milieu des militaires. Le gamin continue de jacasser en disant qu'il n'a rien à manger et qu'il doit rentrer chez lui… J'échange un regard avec mon camarade et nous lui donnons une de nos rations. Je lui conseille de quitter la route et de passer par la forêt, de faire un feu pour se réchauffer, de manger et de continuer sa route seulement après notre passage. Il prend la ration et se dirige vers la forêt.

Je sens qu'il ment, ce môme, mais même si je ne me trompe pas, qu'est-ce que j'aurais pu faire de lui ? Peut-

être est-il seulement un déserteur qui ne veut pas faire la guerre ? Je ne lui en veux pas, j'en ai surtout rien à faire, et il me fait un peu pitié. Un léger sentiment de culpabilité me chatouille ; nous avons envahi leur pays et détruit la vie de tous ces gens. D'un autre côté, si j'ai raison et s'il rejoint les siens pour leur communiquer notre position ? Mais bon, des centaines de voitures sont déjà passées à côté de nous avec des caméras et certains nous filmaient même ouvertement sur leur téléphone à travers la vitre. Une vraie maison de fous.

Ce branle-bas pour former la colonne dure encore jusqu'à midi ; ensuite, nous accélérons et partons à toute vitesse en direction de Kherson. Nous passons des engins ukrainiens accidentés, brûlés ou abandonnés, tout est vieux et date de l'époque soviétique, c'est encore pire que les nôtres : des blindés, des blindés de reconnaissance, des Gaz[1]*, des Oural, de vieux véhicules de défense sol-air de type OCA. On a l'impression que ces engins ont été mitraillés par des hélicoptères et que la majeure partie ont été abandonnés ou mitraillés par des petits calibres, probablement par nos gars qui forçaient les lignes. Je me demande où ils sont maintenant.*

La colonne s'arrête plusieurs fois et, recevant l'ordre « préparation au combat », nous nous distribuons des deux côtés de la route et prenons nos positions. Devant nous, il y a des échanges de tirs, les blindés de reconnaissance sont en tête de colonne. Une dizaine de gars viennent se coller à moi et je leur crie dessus pour qu'ils ne restent pas regroupés et se dispersent. Ils ont tous l'air perdus. Je leur

1. Camions fabriqués dans l'usine de Gorki.

crie de ne pas pointer leurs armes les uns sur les autres, l'un d'eux plaisante d'un air idiot : « Ah ! Eh ben nous avons un pro maintenant ! ». À ce moment-là le chauffeur de notre Oural tire dans notre direction ; rougissant, il s'excuse devant tout le monde en disant qu'il ne l'a pas fait exprès. Nous observons la forêt, un blindé vient de tirer quelques rafales de canon par là-bas, réduisant en copeaux les troncs de plusieurs arbres. À l'avant de la colonne, ça tire aussi vers la forêt. On nous fait passer l'information que des soldats ennemis s'y cacheraient. Allongé au bord de la route, je regarde vers la forêt, mon adrénaline est au maximum, il fait gris et froid, la forêt devant nous est très sombre et on n'y voit rien. À côté de moi un gars dit qu'il croit avoir vu quelqu'un.

Dix minutes plus tard, ordre de rejoindre les véhicules. Un peu plus loin, un croisement indique Kherson et Odessa. Une pensée me traverse l'esprit : j'ai rêvé toute ma vie d'aller à Odessa, j'ai toujours eu l'impression que ça me plairait. Notre armée va-t-elle entrer de la même façon dans toutes les capitales régionales où elle organisera des référendums pour les rattacher à la Russie ? J'ai presque envie de rire en pensant à la phrase : « Mes rêves se réalisent. »

Assis sur les caisses d'obus dans notre camion sans freins, je tiens la forêt sur ma droite en ligne de mire et mon compagnon surveille le côté gauche. La colonne avance à toute vitesse, je vois des voitures civiles accidentées, un Tigre de notre armée et un fusil « Rys ». Le pare-brise a été touché par des grenades antichars, le véhicule est abandonné, endommagé, mais il n'a pas brûlé.

Les pensées tournoient dans ma tête : comment allons-

nous prendre Kherson d'assaut ? Le maire de la ville ne viendra sûrement pas à notre rencontre avec du pain et du sel[1] *avant de hisser le drapeau de la Fédération de Russie sur les toits des bâtiments administratifs et de laisser défiler notre colonne en triomphe. Tout ce que je vois ces deux derniers jours ne ressemble pas au scénario de la Crimée. Je ne comprends pas ces deux jours de combats. Que se passe-t-il ? Et en Russie ? Dans le Donbass ? Dans le monde ?*

J'espère que nos supérieurs n'auront pas la brillante idée d'entrer dans la ville en colonne. D'après ce que j'ai entendu dire, Kherson est une grosse ville ; si nous y entrons de cette manière, nous sommes fichus. Grozny était beaucoup plus petit, les erreurs du passé ne nous ont-elles donc rien appris ? Je connais notre niveau de préparation et d'organisation, alors je m'attends au pire. L'armée ukrainienne doit être dans un bien sale état pour que notre commandement imagine que nous allons prendre la ville d'une pichenette, d'autant que nous avons déjà un jour de retard. Hier, nous avions l'effet de surprise pour nous, mais rien de nouveau sous le soleil : si c'est le bordel en temps de paix, c'est encore pire en temps de guerre.

Je porte mon casque et mon gilet pare-balles, les lunettes rayées de mon casque me protègent de la poussière mais m'empêchent de bien voir. Mon équipement n'est pas pratique, la fixation de ma sangle est cassée et je dois fixer mon fusil comme je peux, ma cagoule est froide et m'empêche de respirer, les sangles de mon gilet me font mal aux épaules parce que je ne l'ai pas enlevé depuis deux jours.

1. Façon de marquer son hospitalité dans la tradition des pays slaves.

Les rangers réglementaires ne sont pas confortables, j'ai les pieds serrés et gelés. Les stupides bandeaux blancs que nous portons sur un bras et une jambe sont noirs de poussière et de saleté, je me demande bien qui les a inventés, c'est comme si on jouait au strike-ball. Personne ne les verra de loin pendant les combats. Il reste deux cigarettes dans mon paquet et je suis presque le seul à en avoir encore. Allez ! Reprends-toi, c'est sûr que nous avons un plan.

On dirait que le pont sur le Dniepr n'est plus très loin. Soudain, nous ralentissons, nous nous arrêtons et nous repartons très lentement. Des voitures militaires russes foncent à côté de nous mais dans l'autre sens. On voit que les chauffeurs restent pied au plancher en essayant de tirer le maximum de leur véhicule. Dans les voitures qui filent sous nos yeux, je commence à voir des visages familiers et je suis pris d'angoisse. Toute la colonne fonce en sens inverse, et nous faisons demi-tour pour repartir le plus vite possible. Toutes les voitures nous dépassent et, au bout du compte, nos camions dépassent les autres et se retrouvent sans protection. Que se passe-t-il ?

Une aide-soignante âgée m'a accueilli à l'hôpital militaire, elle m'a donné des pantoufles usées et dépareillées, de pointure différente, et installé dans une chambre où se trouvait un jeune appelé. Elle m'a ensuite conduit chez l'ophtalmologue qui m'a ausculté une nouvelle fois et prescrit un traitement.

Pendant toute la semaine du traitement, j'ai dormi, mangé et regardé les nouvelles d'Ukraine sur la télévision installée dans le hall. Je voulais recueillir un maximum d'informations. J'ai aussi discuté avec des gars dans le fumoir. Le service est occupé presque en totalité par des blessés : éclats d'obus, brûlures et contusions oculaires.

En regardant les informations à la télévision, je n'ai pas réussi à comprendre pourquoi ils ne disaient pas la vérité. Ils ne parlaient quasiment pas de la guerre, je ne voyais aucune objectivité dans leurs propos. Je vous donne deux exemples qui méritent d'être cités.

Le premier jour, je suis resté devant le poste avec avidité. Mais on nous sert une vraie soupe et des reportages pris on se demande où. Je vois le fossé entre ce qu'on nous montre aux informations et ce que j'ai vu. Sur le front, debout au milieu des coups de feu, j'avais l'impression que notre devise était : « Pas un pas en arrière, Stalingrad est derrière nous », que nous devions tenir à tout prix et que la faim, les maladies, le manque de sommeil et nos pertes en hommes n'avaient pas d'importance. Aux informations, on nous serinait que les pertes étaient infimes et que le pays entier s'était mobilisé pour nous fournir tout ce que nous pouvions désirer. Dans une brève, la présentatrice a raconté que le croiseur *Moskva* avait subi un incendie vite maîtrisé et avait été déplacé. Ça ne m'a fait ni chaud ni froid parce que je n'y connaissais rien aux affaires maritimes. Mais un jeune gars assis à côté de moi a lâché : « C'était mon bateau, il n'existe plus. » Le gars avait lui aussi un problème aux yeux à la suite de l'explosion ; j'ai appris de sa bouche que le *Moskva* était la fierté et l'emblème de la flotte de la mer Noire, qu'ils étaient à quarante kilomètres d'Odessa d'où des roquettes avaient été tirées, trois l'avaient touché, dont deux tombées sur la coque ; le navire s'était enflammé, l'équipage avait été évacué, mais partiellement… La perte du navire est restée secrète pendant encore une semaine, mais aujourd'hui tout le monde est au courant. Quelle honte et quelle tristesse ! Je ne pense pas que Pierre Ier ou F. F. Ouchakov[1] seraient fiers de l'état actuel de la flotte.

Son récit m'a remis les idées en place et je me suis souvenu qu'il ne fallait pas croire ce qu'on nous raconte à la télévision.

La deuxième histoire concerne le jeune conscrit, un gamin maigrichon et voûté. En discutant avec lui j'ai appris que lui aussi était allé sur le front. On lui avait dit : « Tu dois partir, tu n'auras rien à faire, tu es opérateur radio. » Il était dans une unité d'artillerie qui est partie à Kherson le premier jour de la guerre. Sur le pont du Dniepr ils ont rencontré l'armée ukrainienne. Nous y étions déjà ; une partie de notre bataillon, avec la 11e division de parachutistes, avait traversé le pont et mené des combats de l'autre côté. Comprenant qu'ils étaient en première ligne et voyant les lance-roquettes Grad, les artilleurs ont fait demi-tour sur la chaussée pour préparer leurs obusiers à l'attaque. Il faisait déjà nuit, les communications étaient coupées, comme pour tout le monde, et le Z était à peine visible sur les véhicules. Dans l'obscurité, la colonne a été mitraillée, une partie de véhicules ont été brûlés, quelques cargaisons

1. Le tsar Pierre Ier est le fondateur de la flotte russe. Fiodor Ouchakov est un amiral qui a été à la tête de la flotte de la mer Noire.

200 et 300 abandonnées sur place et les hommes, paniqués, se sont enfuis dans le noir. Ce gars s'est échappé lui aussi avec quelques camarades et a rejoint les nôtres le lendemain. Que je sache (j'avais vu cette colonne le matin), et comme nous l'a raconté ce conscrit, leur colonne a été mitraillée par nos propres soldats.

Il semble que la corruption et la pagaille dans l'armée coûtent trop cher. Mourir de cette façon le premier jour des combats, être abattu par un *friend*... Qui répondra de ces morts et de ces blessés ? Ce n'est pas le professionnalisme de l'armée ukrainienne qui est responsable de la déroute mais le désordre qui règne dans la nôtre.

Après une semaine de traitement, mes yeux ont repris leur couleur habituelle et se sont ouverts, le médecin m'a autorisé à porter des lentilles et j'ai enfin pu voir normalement, en particulier l'état délabré du service où j'étais hospitalisé, qui comptait une toilette pour quarante personnes.

Les patients ne restaient pas longtemps, il en arrivait tous les jours. Avant de me faire établir un bon de sortie, j'ai été envoyé au service de traumatologie parce que je me plaignais de douleurs dans le dos et dans les jambes, j'avais du mal à me lever du lit, à monter les escaliers et à marcher. Un médecin joyeux, rondelet et rougeaud (un autre commandant, probablement) m'a envoyé faire des radios après m'avoir écouté. Après les radios on m'a joyeusement informé que les os de mes jambes et de ma colonne vertébrale étaient entiers et que si les douleurs ne passaient pas, je devais m'adresser à mon hôpital d'affectation. Ce n'était pas très agréable de voir que le médecin prenait ma santé à la légère alors qu'il était payé par l'État. Je ne savais pas moi-même ce que j'avais mais la perspective de la « liberté », une fois passé le poste de contrôle, me semblait bien alléchante. Après tout cela, j'avais une envie folle d'une vie normale, de confort domestique, de boire et de manger des bonnes choses, ou tout simplement de me promener en ville et de regarder les gens…

25 février, après-midi

Il est déjà seize heures, je ne comprends rien de rien. J'ai l'impression que nous avons fait demi-tour sur cinquante kilomètres. Notre colonne se forme encore une fois et gagne la forêt, roulant sur le sable, faisant tomber des arbres. Arrivés à environ cent cinquante mètres de la chaussée, nous installons le matériel selon les instructions de notre commandant. Les soldats sortent des véhicules pour échanger des informations et essayer de trouver quelqu'un qui a des cigarettes.

Les commandants nous font savoir que des Grad ukrainiens ont été repérés devant nous, que nous devons nous préparer à ce qu'ils tirent et nous camoufler sous terre le plus profondément possible. Les véhicules n'ont presque plus d'essence et on a des problèmes de communication. Nous prenons nos positions sous forme de cercle de défense mais on ne sait pas où installer les tireurs de mortier et on a l'impression que chaque commandant a choisi ses positions au pifomètre. Certains commencent à creuser des tranchées, d'autres courent çà et là sans qu'on sache bien pourquoi, d'autres encore ouvrent leurs rations et essayent de manger le plus vite possible en profitant du moment. Qui est à la tête de tout ce bazar ? Comment ? Impossible de le savoir.

Mon camarade et moi décidons nous aussi de réchauffer nos rations sur un réchaud en attendant que la position du mortier nous soit communiquée. Une quinzaine de minutes plus tard, notre bouillie chaude avalée, j'entends un des tireurs de mortier dire à son supérieur, un adjudant daghestanais, qu'il n'a pas mangé depuis deux jours et ne savait pas que nous avions des rations et de l'eau. Pour toute réponse, l'autre lui rétorque qu'il n'en a rien à foutre : « T'as qu'à aller dans le KAMAZ et te servir, tu peux même manger tout ce que tu trouves en une seule fois ! » Assis par terre, je mange en silence en observant la scène, ils sont à cran parce qu'ils savent qu'il faut manger en vitesse tant que c'est possible.

Après manger, alors que les positions de mortier ne sont toujours pas fixées, je vadrouille dans le camp pour essayer de trouver des cigarettes tout en cherchant des visages familiers ou en faisant connaissance. Je dis à l'un des gars : « Hé, frangin, tu n'aurais pas une cigarette ? » Il s'arrête et me regarde d'un air fatigué : « Hé, frangin, en fait je suis le commandant-adjoint de la division » tout en sortant une cigarette et en me la tendant. Je la prends, je l'allume et je lui dis, l'air de n'en avoir rien à faire : « Mes excuses et merci pour la cigarette. » Je n'en ai vraiment plus rien à cirer de ses grades ou fonctions et c'est apparemment la même chose pour lui. Les signes distinctifs n'existent plus entre nous.

Étant donné que nous nous préparons à être attaqués par les Grad de l'ennemi et qu'il y aura beaucoup de cargaisons 200 et 300, nous formons une défense en cercle. Nos avions et nos hélicoptères n'ont pas montré leur nez depuis longtemps, les communications sont coupées, nous sommes à l'arrière à environ cent kilomètres, tout le monde est fatigué et a sommeil mais, malgré tout, personne n'a envie de mourir. Certains d'entre nous usent leurs dernières forces à creuser énergiquement des tranchées en dégoulinant de sueur.

Dégustant ma cigarette, je flâne dans le « camp » à la recherche d'informations et dans l'espoir de trouver d'autres cigarettes d'avance. Je me rends compte que nous occupons un carré d'environ un kilomètre, nous sommes cinq cents et le matériel est disposé n'importe comment. Les gars creusent des tranchées ou des niches dans le terrain sablonneux. Ce n'est certainement pas le sable qui va nous protéger des lance-roquettes, les grands pins au-dessus de nos têtes serviront peut-être à quelque chose. Bien sûr, quand les roquettes exploseront dans les arbres, les éclats de bois viendront nous tomber sur la figure, alors bonjour les 200 et les 300 ! Je continue de déambuler, une boule dans la gorge parce que je sais bien que je peux ne plus être de ce monde demain matin, comme tous ceux qui m'entourent. Alors je suis très content de les voir, et c'est sans doute réciproque.

En m'approchant d'un groupe auprès duquel je pique une autre cigarette, j'apprends qu'il y a du naswar[1]*. Bon,*

1. Tabac à priser originaire d'Asie centrale ou d'Afghanistan.

vu les circonstances, même le naswar m'ira bien. Je coince les granules vertes derrière ma lèvre et je me sens aussitôt plus détendu. Crachant ma salive, je reste à discuter avec les gars. Ils me racontent qu'ils sont de la onzième brigade qui a été déchargée ici par hélicoptère. Ils ne sont plus qu'une cinquantaine, probablement les derniers de leur brigade, les autres ont sans doute passé l'arme à gauche.

Je les écoute sans broncher et continue mon chemin en ayant honte pour notre armée qui fait tout, putain, sauf préparer sérieusement ses soldats et se retrouve aujourd'hui dans cette situation. C'est affligeant de penser que je vais probablement moi aussi mourir sans gloire comme ces gars, sous les tirs de roquettes et la contre-attaque de l'armée ukrainienne ou de je ne sais qui. Contre qui on se bat ? L'OTAN ? Qui a pu éliminer ceux qui étaient devant ? Où est le gros des forces ? Je sais au fond de moi que la mort est proche mais je vendrai ma peau très cher.

En faisant le tour du camp je m'aperçois qu'il y a approximativement la moitié de mon régiment, renforcé par la 7e division, la 11e brigade et quelques spetsnaz de la Marine dont je ne comprends pas comment ils se retrouvent avec nous ; bref, que des unités de parachutistes.

Je continue de circuler dans le camp en pensant que nous avons dévoilé toutes nos positions et que les lance-roquettes ne manqueront pas de nous tomber dessus, il y aura encore des morts. Si les groupes de diversion de l'armée ukrainienne arrivent en même temps et nous attaquent après la fusillade, ce sera une boucherie. On est à bout de forces, on n'est pas sur notre terrain et on ne connaît pas les lieux, les communications sont coupées, on n'a pas de soutien de l'aviation ou de l'artillerie et ceux qui sont partis devant sont sans doute déjà anéantis.

Je pense à mon père, à tout ce que je sais de la 56e en Yougoslavie, de la première et de la deuxième guerre de Tchétchénie, du combat au point 776[1] *et à la 6e compagnie. Leur histoire va probablement se répéter.*

Désorganisation, corruption, impréparation, et voilà le résultat ! On ne fait pas la guerre tout seul, le succès dépend de la cohésion générale, de la préparation et de la motivation. Je voyais bien que pour ce qui était de la cohésion et de la préparation nous avions de sacrés problèmes mais en discutant avec tous les « frangins » je sens que la motivation est bien là.

Même si les choses vont mal, tout le monde a accepté le fait que les paras partis devant sont probablement morts. Un millier d'hommes. Comme tous les autres, j'ai accepté l'idée que nous allons y passer aussi, vu la situation.

Je marche et je cherche ma compagnie d'origine, une boule dans la gorge, indigné par toutes les saloperies dont je suis témoin, et parce que la majorité d'entre nous risquent d'y rester connement. Même si je suis contre cette guerre, j'ai la certitude d'être prêt à mourir pour les forces armées parachutées et tous les paras qui ont laissé leur peau avant moi. Tant pis ! C'est calamiteux de voir que notre préparation était seulement sur le papier, mais nous n'avons pas le droit de salir la gloire des forces armées parachutées du passé, mourons, d'accord, mais avec panache ! Si nos frères

1. Défaite des Russes en février 2000, au début de la seconde guerre de Tchétchénie.

ukrainiens ont écrasé ceux qui sont passés devant, ça veut dire que c'est du sérieux et que nous devons nous préparer à nous battre jusqu'au bout, nous ne leur laisserons pas nos vies si facilement.

En même temps, je réfléchis à tout ce qu'il se passe maintenant. Moscou a peut-être été attaquée ? Ma sœur habite Moscou. Ce qu'il se passe dans le monde ce soir du 25 février, nous n'en savons rien…

En trouvant ma compagnie, je vois qu'ils sont tous en train de creuser des fossés et des tranchées en urgence. Plus nous nous enfoncerons profondément, plus nous aurons de chances de survivre à l'attaque de l'artillerie. La terre est molle, à coup sûr c'est du sable. S'il y a une explosion à proximité, les tranchées s'effondreront en un clin d'œil. Je pense qu'il vaudrait mieux répartir les hommes à distance les uns des autres. Cinq cents hommes sur un espace d'un kilomètre carré avec des camions remplis de munitions. Si l'artillerie nous attaque elle ne risque pas de nous rater. Mais personne ne me demande mon avis, nos « pères-commandants » savent mieux que nous. Mais qui est à la tête de toute cette folie, je me le demande encore !

J'ai envie de remonter le moral des gars et que quelqu'un me le remonte aussi, je sais qu'il y a peu de chances que l'on se revoie.

Je pense à mon premier saut en parachute. C'était au-dessus de Djankoï, en Crimée, et nous étions tous novices à bord. Quand le toit s'est ouvert au-dessus de nous et que la lumière jaune de la rampe s'est allumée j'étais terrorisé comme tous les autres, mais en les voyant pâlir et changer de visage je me suis forcé à sourire et à lever le pouce en cherchant à croiser leur regard. La seule idée que j'avais en tête, c'était de ne pas me planter. La situation est à peu près la même maintenant mais en pire.

À ce moment, je remarque un prisonnier ukrainien, j'en ai vu plusieurs le matin dans un camion. Il est assis au pied d'un arbre, les mains tendues, deux boîtes de conserve et une bouteille d'eau en plastique vides à ses côtés. Les conserves sont ukrainiennes, c'était sans doute sa ration et on voit qu'il vient de manger. Il est gardé par mon camarade le Daghestanais qui est debout à côté de lui. C'est vraiment un type bien. On ne dirait pas qu'il garde le prisonnier mais qu'il le protège des autres soldats russes. Un de nos camarades qui passe devant lui crie au chef de la compagnie : « Et pourquoi on le fusille pas, bordel, il a abattu combien des nôtres ! ». C'est sûr qu'il le descendrait vraiment si on le laissait faire. Maintenant que nous avons des pertes, la cruauté et la soif de vengeance se sont réveillées.

Le prisonnier a un énorme œil au beurre noir gonflé de sang, on voit que le coup a été très fort et probablement pas avec le poing. Sans que je sache pourquoi, j'ai très envie de le regarder et de parler avec lui. Je m'accroupis à côté de lui. C'est un homme corpulent d'environ quarante-cinq ans qui fume avidement un mégot de tabac à rouler que le Daghestanais plein d'attentions vient de lui passer. Il me donne l'impression d'être des nôtres et étranger à la fois : seule différence entre nous, nous sommes chacun d'un côté du conflit entre nos deux pays, et pourtant nous sommes tous les deux nés en ex-URSS.

Je le regarde comme un extraterrestre alors qu'il est tout à fait banal. Je ne ressens pas de colère contre lui, il me fait même pitié. Le fixant dans les yeux, je lui dis en parlant fort : « Alors, frangin, on va crever ensemble ? » Il me jette un regard étonné et me demande : « Pourquoi ? » Avec un sourire imbécile, je lui explique : « Parce que vos Grad vont nous flanquer une raclée. » Souriant lui aussi, il me répond : « Ah oui, alors là ce sera ensemble ! »

J'apprends du Daghestanais qu'un de nos gars a décidé de l'interroger et que comme ses réponses ne lui plaisaient pas, il l'a frappé d'un coup de rangers. Le commandant du régiment l'a vu et l'a forcé à s'excuser auprès du prisonnier en le menaçant d'un conseil de discipline.

Mais où est donc ce commandant ? Je n'ai jamais réussi à le voir mais je sais qu'il est dans les parages. Le chef de compagnie qui passe m'aperçoit et me dit : « Alors, Filatiev, ça te plaît d'être dans les mortiers ? Tu as enfin réussi à échapper à ce commandant qui était la source de tous tes malheurs ? » Je lui réponds d'un ton fâché que maintenant nous sommes tous dans le même bateau et que ce n'est vraiment pas le moment d'essayer de savoir qui est la source de tel ou tel problème. Il détourne les yeux comme s'il était d'accord avec moi et continue son chemin tout en criant à gorge déployée des ordres qui ressemblent plutôt à des hurlements.

Les uns courent, les autres marchent, creusent, traînent diverses choses. Je me lève et me dépêche de retourner vers mon groupe parce qu'il commence à faire sombre. À côté du KAMAZ de la compagnie, le sergent-major m'arrête et, tout affolé, me demande de l'aider à charger une cargaison de 200. Je lui réponds que je dois me dépêcher mais il insiste en me disant que nous ferons vite. Plusieurs soldats réceptionnent les cadavres sur des brancards dans le KAMAZ, d'autres soulèvent les brancards du sol pour les leur passer. Ils ont tous l'air épuisés. Je ne vois pas le nombre de cadavres dans le camion, il y en a trois par terre sur des brancards. Je donne un coup de main pour les charger. Qu'ils sont lourds ! Ou alors c'est moi qui suis fatigué ? Je demande si les tués appartenaient à notre compagnie et ils me répondent que non.

Une fois les corps chargés, je rejoins mes camarades. J'apprends à mon arrivée que les positions des mortiers sont enfin fixées. Nous déchargeons les armements, cinq pièces et quatre servants seulement par pièce. Nous traînons les mortiers vers leurs positions plus loin dans la forêt. C'est lourd et nos jambes s'enfoncent dans le sable. Nous arrivons, posons les obus et les mortiers et regardons autour de nous. Je râle parce que c'est de la merde et pas une position, c'est juste une petite clairière.

Nous disposons les cinq mortiers en ligne en les postant dans différentes directions. Il y a deux cents mètres entre nous et les hommes les plus proches, c'est-à-dire que nous n'avons aucune couverture, juste nos fusils. S'ils sortent de la forêt et nous tombent dessus, on est foutus. Les autres ne savent même pas qu'on est là et il ne faudrait pas que nos propres hommes nous tirent dessus en pleine nuit avec leurs Outios ou leurs lance-grenades.

Je réalise alors que j'ai perdu mon fusil qui était derrière mon dos. Putain, c'est la cata ! L'attache de ma sangle est cassée et pendant que je portais sur mon dos les caisses d'obus, je ne me suis probablement pas rendu compte qu'il était tombé. J'emprunte le même chemin en sens inverse pour le chercher dans le noir. Je suis presque arrivé au milieu du camp, là où étaient les camions des mortiers, quand l'un des nôtres crie : « Qui a perdu son fusil ? » Soulagé, j'accours : « C'est le mien ! » Je vérifie, c'est bien le mien, et je remercie mon collègue avant de tourner de nouveau les talons vers la clairière et les mortiers.

Les gars sont en train de creuser pour les installer. Je me joins à eux, il fait déjà presque nuit, nous n'avons plus de forces mais nous creusons. Quand nous avons fini, il fait nuit noire, il est presque vingt et une heures. Nous sommes trempés de sueur mais il fait très froid dans la forêt.

Nous n'avons pas encore essuyé de tirs et c'est très bien. Mais l'ennemi attend peut-être pour nous tirer dessus en pleine nuit avant de lancer l'infanterie dans la forêt. Comment expliquer autrement que les Grad des Ukrainiens ne nous aient pas encore attaqués ?

Je repense à la disposition des positions. Je crois que tout le monde va tirer dans tous les sens pendant la bataille.

Nous discutons pour savoir ce que nous allons faire et décider comment nous allons dormir. Notre mortier est à l'extrémité, entouré de trois côtés par la forêt où il n'y a aucun de nos soldats. Si l'ennemi nous attaque, nos mortiers seront une proie facile. Qui est l'imbécile qui a décidé que c'était la bonne position ? Dans la forêt, ils ne serviront de toute façon pas à grand-chose[1]*. Un jeune gars avance l'idée que le commandant fait exprès de nous expédier au bord de la forêt parce que nous ne servons à rien avec nos mortiers et que nous n'avons que nos fusils ;*

1. Les mortiers tirent plus ou moins à la verticale, les branches des arbres risquent donc de faire exploser les obus au-dessus des pièces.

le gros des forces voient la route et elles intercepteront l'ennemi. Mais si l'attaque vient de la forêt, nous sommes une cible et un appât idéaux.

Je sais que nous avons tous la frousse et que le plan de nos supérieurs est incompréhensible. Nous devons nous calmer. Le seul ordre du commandement a été de nous protéger dans des tranchées, de nous préparer à être mitraillés par les Grad et attaqués par l'ennemi. Les communications sont coupées, il n'y a pas d'aviation, les réservoirs d'essence sont presque vides et nous sommes loin à l'arrière. S'ils nous tombent dessus, le temps qu'ils nous écrasent, le gros des forces seront prêtes. Ce camarade a peut-être raison ?

Où sont les éclaireurs ? Il serait plus logique d'installer des « guetteurs[1] *» à distance du camp, mais personne n'en a donné l'ordre. N'importe quoi ! Nous n'avons pas vu notre chef de batterie*[2] *depuis hier. Il paraît que le commandant du bataillon l'a pris avec lui pour régler les tirs, alors il a peut-être été tué. Je pose la question à mon jeune camarade qui me répond qu'il ne va pas pleurer ce monstre. L'humeur est bonne et je regrette d'avoir abordé le sujet.*

Peut-être ont-ils réussi à entrer dans Kherson où ils ont pris position et combattent encerclés en nous attendant ? Il nous reste deux lieutenants, des commandants de peloton, mais ils sont avec le commandement au milieu du camp. Qui nous transmettra les coordonnées ? En théorie, nous pouvons viser la route avec nos mortiers mais les arbres sont

1. Une unité à l'arrêt dispose de guetteurs cachés tout autour d'elle et suffisamment éloignés pour être à même de donner l'alerte le cas échéant dans un délai suffisant pour que l'unité ait le temps de réagir.

2. Le chef de batterie conseille le chef interarmes qui a une vision d'ensemble et déclenche souvent les tirs de mortier ou d'artillerie.

très hauts. Il y a plein de matos avec des armes de plus gros calibre, ce serait possible de tirer sur la route comme dans un stand de tir et nos mortiers de 82 mm n'ont rien à fiche ici.

Je me dis aussi que les positions de tir des autres sont orientées à peu près dans notre direction et qu'on ne les distingue pas. Donc, si l'ennemi attaque depuis la forêt nous n'aurons pratiquement aucune chance, et si nous reculons vers le camp en cas de combat, ce sont les nôtres qui nous aligneront sans rien distinguer dans la panique. J'essaye de me convaincre qu'en cas d'attaque nous devons absolument riposter et ne reculer en aucun cas.

La nuit dernière, nous n'avons pas été attaqués alors que nous étions comme des cibles dans un stand de tir et qu'il y avait des combats à proximité. Je ne pense pas que nous aurons autant de chance cette nuit. À mon avis, toute l'Ukraine sait déjà où et combien nous sommes. On entend parfois au loin des bruits de tirs et d'explosions. Les militaires du coin doivent bien connaître cette forêt.

Une fois encore, comme la nuit dernière, je pense à Dieu. Nous sommes probablement tous pareils, nous pensons à lui quand il y a urgence. J'accepte l'idée que je ne survivrai probablement pas à cette nuit mais je vendrai ma peau très cher.

En principe, si la guerre a commencé à grande échelle, notre armée a dû bombarder tous les sites militaires et anéantir toutes les communications de notre ennemi. Mais une petite voix me souffle que ça va mal.

La nuit et le silence ont pris possession de la forêt. Seule la faible lumière des étoiles à travers les nuages parvient jusqu'à notre clairière. Avec notre équipement de vision nocturne nous ne pouvons distinguer que notre champ. Nous ne voyons rien de ce qui est dans les arbres parce que la nuit est trop sombre, nos appareils n'y font pas grand-chose, et puis nous devons économiser les piles.

Malgré le froid, nous nous endormons tout doucement. Je convaincs mes camarades que deux d'entre nous doivent rester à côté des mortiers et deux autres dans les tranchées pour surveiller les côtés de la forêt. Nos positions sont les plus excentrées, et si l'ennemi attaque de notre côté nous ne pourrons compter sur personne. Nous décidons de relever la garde toutes les demi-heures parce que de toute manière, ça fait belle lurette que nous ne dormons pas normalement, et je m'inquiète, car si l'un de nous s'endort, ça peut-être pour toujours. Nous procédons donc de cette façon : deux dorment et deux montent la garde. À peine le temps de fermer l'œil que tu es déjà réveillé pour ton tour de garde.

Le paysage qui nous entoure est superbe à sa façon. Il fait très froid, j'ai très sommeil, envie de me laver, de manger chaud. Ah, une petite tasse de café, que ce serait bon ! Ouvrir YouTube et regarder ce qui se passe dans le monde, mais YouTube est peut-être bloqué…

Il y a des combats au loin. Pourquoi les communications sont-elles coupées ? Ils ont peut-être utilisé des armes atomiques… ? Où est toute notre aviation ? J'ai envie d'une cigarette mais je n'en ai plus depuis longtemps… Pourvu que je ne m'endorme pas pendant ma garde, je ne veux pas qu'ils nous prennent au dépourvu… J'entends des explosions dans le lointain…

Il est déjà environ cinq heures, on dirait que le jour se lève… l'aube est le meilleur moment pour attaquer.

ZOV

Il est six heures du matin, il fait jour…

Est-il possible que l'orage soit passé ? Nous n'avons pas été transformés en chair à saucisses cette nuit par leurs lance-roquettes, ni par un assaut de leur infanterie pour nous achever.

Tous ceux qui sont revenus d'Ukraine ont été transférés depuis l'hôpital militaire de Sébastopol vers l'unité militaire de la Marine qui se trouve à l'autre bout de la ville. On nous a transportés dans l'un de ces minibus « miche de pain[1] » (Super comme bagnole ! Je me demande bien pourquoi nos députés ne l'utilisent pas) qui est tombé en panne d'essence et nous, sept hommes pareils à des sauvages, en sommes sortis à côté du supermarché METRO, effrayant les passants avec nos yeux hagards, nos barbes et nos uniformes déchirés. Nous venions tous de villes différentes, Tcherkessk, Volgograd, Rostov, Naltchik, Oulan-Oudé, et nous voulions tous rentrer chez nous le plus vite possible. Je me souviens d'un gars de Volgograd, son uniforme portait encore les brassards « ami-ennemi », il était mécanicien et chauffeur d'un BMP-3[2] (il avait eu de la chance, ce n'était pas un vieux truc). Un Javelin était tombé sur son BMP, son véhicule avait brûlé, tout l'équipage avait péri et il était le seul survivant. C'était un gars tout menu, il bégayait horriblement et il lui fallait entre cinq et dix secondes

1. Minibus fabriqués dans l'usine automobile d'Oulianovsk et qui ont une forme de miche de pain carrée comme le pain traditionnel russe.

2. Véhicule de combat de l'infanterie.

pour prononcer un mot. Il m'a raconté qu'ils voulaient l'envoyer dans un hôpital psychiatrique mais qu'il s'y était opposé et avait fait une lettre dans laquelle il refusait toute aide médicale, pour pouvoir rentrer chez lui.

Arrivés à la Marine, nous avons été conduits dans une des casernes réservées à ceux qui sortaient de l'hôpital et étaient envoyés ici en attendant de réintégrer leur unité. Je n'envie pas cette unité.

Des centaines de gars revenus de la guerre, ayant pété les plombs après ce qu'ils ont vécu, fous de bonheur d'être restés vivants et de retrouver la civilisation ; certains bégayent, j'en ai vu deux qui souffraient d'amnésie (ils se rappelaient et oubliaient alternativement d'où ils venaient), beaucoup buvaient et gaspillaient tout ce qu'ils avaient gagné à la guerre en alcool, en prostituées, dépensant jusqu'à cent mille roubles par jour alors qu'ils pouvaient passer jusqu'à dix jours ici avant de rentrer chez eux. Beaucoup d'entre eux avaient reçu trois millions pour leurs blessures, une côte cassée ou une blessure par balle. Je peux les comprendre, c'est vrai qu'on perd les pédales et on a envie de tout ce dont on a été privé, surtout qu'après ces épreuves, au retour de la guerre, on a l'impression de renaître. Moi, j'ai préféré partir le jour même parce que je savais que faire la bamboche en compagnie de camarades de combat qui avaient vécu la même chose que moi, me comprenaient mieux que les gens qui me sont le plus proches, ça peut durer très longtemps (entre 2007 et 2010, j'avais combattu en Tchétchénie et j'étais tombé dans ce genre d'aventure). En plus, je n'avais pas touché trois millions, comme les autres. J'avais deux cent quinze mille roubles sur mon compte pour deux mois de participation à l'« opération spéciale ». Je me disais à ce moment-là que nos députés qui ne font rien d'utile pour la société et que les gens ne connaissent même pas touchent cinq cent mille roubles par mois alors qu'ils ne risquent pas leur santé et leur vie pour le bien de la Russie. C'est la réalité d'aujourd'hui.

Au sujet des trois millions : nous les appelons les trois millions de Poutine suite au décret concernant les traumatismes, contusions, invalidités, blessures reçues pendant l'« opération spéciale » en Ukraine. Eh bien, ils ne sont même plus versés normalement mais avec un choix bizarre des bénéficiaires. Pour celui-ci on considère que l'éclat n'est pas entré suffisamment profond dans la chair et il n'est pas payé, mais celui-là a reçu la somme pour un doigt cassé dès les premiers jours de la guerre. C'est aussi à ce moment-là qu'ont commencé à circuler des rumeurs : certains se font beaucoup d'argent dans cette histoire, ils inventent la blessure d'un combattant qui n'est même pas au courant, transmettent leurs propres données bancaires, et voilà, le tour est joué ! On raconte aussi que quelqu'un peut être considéré comme engagé mais en réalité se trouver ailleurs. Par exemple, deux mois après mon retour en Russie je n'avais toujours pas reçu les cent vingt mille roubles mensuels et d'autres n'avaient jamais reçu un kopeck parce qu'ils étaient enregistrés dans la garnison, et toutes les plaintes adressées au ministère de la Défense n'ont jamais résolu le problème. Ce décret des trois millions n'a fait qu'aggraver la corruption et le mécontentement dans l'armée : une jambe arrachée, tiens, voilà tes trois millions ; une côte cassée, allez, pour toi aussi. Mais un éclat d'obus t'a juste arraché la peau, tu t'en passeras.

Je ne veux même pas parler de ceux qui se sont tiré dans la jambe exprès ; c'est bien tentant parce que, si leur salaire est de trois mille roubles (comme le mien), il leur faudrait travailler cent mois pour gagner trois millions.

Bon, en principe, comment peuvent-ils savoir, tout là-haut ? Que comprennent-ils des problèmes des simples soldats qui doivent faire le sale boulot ? Les rapports disent sans doute que tout va bien.

26 février

Il est environ six heures du matin. J'ai le corps douloureux et engourdi parce que je n'ai toujours pas enlevé mon gilet pare-balles, mais la température augmente petit à petit. Je suis heureux de voir un nouveau jour se lever, l'espoir de ne pas mourir héroïquement en encerclement est revenu avec l'aube.

Soudain le bruit d'une colonne me parvient au loin. Le grincement des nombreuses chenilles est déformé mais il vient de quelque part sur la route. Au milieu du camp retentit un cri : « Attention, préparez-vous ! »

Le fracas des chenilles se fait de plus en plus fort, il est évident que la colonne est très grosse. Des chars, c'est sûr. J'aimerais bien savoir à qui sont ces engins.

Dans la forêt, le silence règne, tous se taisent et restent aux aguets.

La colonne s'approche, voilà qu'elle est au même niveau que nos positions près de la route. Des cris de joie éclatent au fond du camp : « C'est les nôtres ! » C'est la colonne du

33e régiment de fusiliers motorisés : des chars et des BMP, des camions-citernes, des « Panzer-M », de l'artillerie type MSTA.

Le 33e régiment de fusiliers motorisés vient lui aussi de Kamychine. Il a été créé sur la base du 56e régiment d'assaut aéroporté qui avait été démantelé. Une partie des parachutistes sont restés à Kamychine et ont été mutés à l'infanterie de ce régiment, une autre partie ont donné leur démission, d'autres ont demandé une mutation dans une autre ville et les derniers sont restés dans le 56e qui, lui, avait été déplacé à Féodossia. Ainsi, beaucoup étaient auparavant dans le même régiment. Il y avait de nombreux anciens paras dans le 33e. Leur colonne est sur la route et nous restons dans la forêt.

Les nouveaux arrivants nous racontent que tout le monde nous avait déjà enterrés, c'est pourquoi ils n'essayaient pas de communiquer avec nous. La rencontre est joyeuse et remonte bien le moral de tous. Nous nous détendons, nous allumons même des feux pour réchauffer nos rations. Nous faisons chauffer de l'eau pour préparer du thé et du café. Bientôt les soldats du 33e se mettent à tirer sur des drones et des appareils télécommandés au-dessus de nos têtes. C'est probablement ce qui nous sauve des tirs de lance-roquettes ukrainiens.

Vers onze heures, nous recevons l'ordre de nous rassembler et de nous préparer à bouger. Ayant chargé les véhicules, nous nous rangeons sur le bord de la route. Nous recevons du carburant. Pendant que nos engins font le plein, je me promène le long de la colonne pour discuter avec les nouvelles têtes et je leur demande ce qu'ils savent. Un des gars dont je viens juste de faire la connaissance me file du naswar que je coince aussitôt derrière ma lèvre et, détendu, je reste discuter avec lui. Je suis soudain pris de sidération : nous sommes à côté d'un Panzer qui lâche une roquette, laquelle, laissant serpenter une jolie trace blanche dans le ciel bleu, explose en détruisant un drone juste au-dessus de nos têtes. Ce jour-là, ils en ont abattu une vingtaine.

Vers midi, nous recevons l'ordre de nous mettre à l'abri et de nous préparer au combat : des blindés ennemis venant dans notre direction ont été repérés en provenance de Kherson. Nous nous ruons vers la forêt pour occuper nos positions.

Je me dis une fois encore que s'ils arrivent jusqu'ici et passent à côté de nous, la moitié de nos hommes s'entre-tueront. J'essaye de me trouver une position pour ne pas tomber sous le feu de ma propre armée. Comprenant que c'est quasiment impossible, je me contente de m'asseoir, adossé à un arbre, après avoir enlevé mon casque. Le soleil brille de tous ses feux et il fait chaud.

Le jeune lieutenant commandant les mortiers donne soudain l'ordre de préparer les pièces. Et rouspétant, nous courons vers les camions pour prendre les armes et les obus. Notre attirail sur le dos, nous repartons dans l'autre sens en vitesse pour tout installer mais le sable nous glisse entre les pieds. Pendant que nous rejoignons nos postes à environ un kilomètre de là, nous entendons des coups de feu à quelques kilomètres de nous sur la route de Kherson.

Je comprends alors que j'ai paumé mon casque et que je l'ai laissé dans la forêt. Quand nous avons reçu l'ordre d'installer le matériel d'urgence, j'ai filé avec les autres et je l'ai oublié.

Je n'ai pas vraiment vu ce qu'il s'est passé mais j'ai appris plus tard que devant le gros de notre colonne se trouvaient des blindés de reconnaissance et des chars. Ils ont ouvert le feu, détruit plusieurs véhicules qui venaient vers eux et les autres ont fait demi-tour. À ce que j'ai compris, la colonne de l'ennemi n'était pas grande, elle était peut-être partie en reconnaissance. Je ne connais pas les détails.

Résultat des courses, nous venons juste d'installer les mortiers quand nous recevons l'ordre : « Repos. » Nous refaisons une fois de plus le chemin avec notre attirail. En avançant, je sens que la fatigue s'est accumulée et que je n'ai presque plus d'énergie. Nous avons été gelés jusqu'à la moelle pendant la nuit et maintenant il fait trop chaud. Mon uniforme est à nouveau trempé de sueur.

Nous rechargeons les mortiers dans le camion et je pars vadrouiller dans la forêt en demandant partout si quelqu'un n'a pas pris mon casque. Il y a cinq cents hommes dans la forêt et personne ne l'a vu. Je ne peux pas retrouver l'arbre auprès duquel je m'étais assis, je crois que mon cerveau est en ébullition à cause de la fatigue.

Il faut plusieurs heures pour former la colonne pendant que nos engins continuent de faire le plein avec les camions-citernes. L'ordre de rejoindre les véhicules arrive enfin, chacun retrouve son équipage et attend l'ordre de démarrer. La colonne s'ébranle vers seize heures. Il faut se remettre en condition pour un assaut.

Les blindés de reconnaissance et les chars ouvrent la route du gros de la colonne où je me trouve. Les canons des chars et les mitrailleuses gros calibre font feu périodiquement.

La colonne avance à un bon rythme mais s'arrête de temps à autre et, à chaque arrêt, nous sautons de nos véhicules en nous préparant au combat puis, recevant l'ordre de repos, remontons dans les voitures et la colonne redémarre. Un gars d'un autre véhicule n'a pas eu le temps de regrimper et nous l'avons quasiment attrapé en route et pris avec nous. C'est un jeune gars de Crimée qui est déjà allé à Kherson. Pendant que nous avançons vers le pont, il fait le guide en nous racontant les particularités de la région. Ses positions envers l'Ukraine sont assez radicales et il parle avec animosité des « petits nazis ». Je n'éprouve quant à moi aucune haine mais ça me plaît de l'écouter et m'aide à me mettre dans l'état d'esprit : « eux ou nous ». Je n'ai aucun doute là-dessus, je sais qu'en cas de besoin, je presserai la gâchette. En même temps, je n'ai pas le sentiment d'être en train de faire quelque chose de juste. C'est comme un rêve, autour de nous tout est gris, l'air sent la poudre et la fumée.

Nous voyons de temps à autre des voitures accidentées et de vieux engins. J'ai l'impression que le matériel ukrainien abandonné que nous avons vu hier avait été attaqué lui aussi. Les chars qui avancent en tête de colonne devaient tirer dessus de loin pour ne prendre aucun risque. Sur la route, depuis hier, on peut voir aussi beaucoup de matériel à nous, surtout des BMD-2 et des camions. Nos véhicules tombent en panne et sont abandonnés. Je vois des Grad détruits devant le pont.

Pendant que nous traversons le pont sur le Dniepr (c'est un fleuve assez large qui me rappelle la Volga), je remarque plusieurs cadavres mais je ne sais pas à quelle armée ils appartiennent. Derrière le pont, il semblait y avoir un poste renforcé et une station-essence et on voit bien que des combats ont eu lieu.

Tout au long du chemin, je remarque des magasins et des stations-essence démolis. La nuit et la température tombent brusquement.

Le gars de Crimée nous dit que nous allons bientôt voir Kherson et, en effet, les lumières d'une grande ville apparaissent au loin à gauche dans le crépuscule. Notre énorme colonne, phares éteints, la contourne par la route.

Nous passons devant un des véhicules ukrainiens accidentés et brûlés à cent mètres environ dans un champ. Dans le noir, on ne voit pas si c'est un char ou un BMP. Soudain, une explosion nous aveugle, la tourelle s'envole. Nous nous précipitons tous pour orienter nos armes dans cette direction. Finalement, c'était simplement son réservoir de munitions qui venait d'exploser. Je n'avais jamais rien vu de tel. Nous étions tous à bout de nerfs en attendant la bataille.

Accélérant ou s'arrêtant parfois, la colonne avance. Notre chauffeur braque soudain brusquement à gauche et nous décollons dans la caisse en même temps que les munitions. Un mortier m'écrase la jambe. En passant, nous remarquons dans le noir un char probablement ukrainien accidenté ; notre chauffeur l'avait vu au dernier moment. En réalité, ce chauffeur de notre Oural sans freins qui s'est débrouillé pour nous faire arriver jusqu'ici mérite une décoration. C'est vraiment une maison de fous ! Un Oural sans freins qu'on envoie sur le front…

La route est en très mauvais état, il fait nuit, la colonne avance à grand-peine, les véhicules roulent à touche-touche et, en restant longtemps dans cette position, représentent une cible idéale pour l'aviation et l'artillerie. La situation de l'armée ukrainienne doit être vraiment pourrie pour qu'ils n'aient pas encore réussi à nous foutre une raclée.

Nous avançons comme des escargots sur la route le long de la ville pendant plusieurs heures. Au loin plusieurs rafales de balles traçantes en provenance de la ville atteignent notre colonne. Nous continuons à avancer lentement dans l'obscurité la plus totale. Certains d'entre nous se ruent sur les magasins détruits sur le bord de la route pour prendre des cigarettes, des chips ou des sodas. Plus personne n'avait de cigarettes. J'irais bien moi aussi, j'ai très envie de fumer en plus de l'adrénaline, la fatigue, le froid et la faim. Je ne pense pas que ce soit du pillage, et ça m'est égal, mais je ne trouve pas le bon moment. Sauter d'une camionnette et remonter dedans, c'est plus facile que de grimper dans la caisse d'un Oural, et personne n'a l'intention d'attendre, sans parler du risque de passer sous les roues de nos propres véhicules à cause de l'obscurité. Pendant une pause, un gars passe à côté de nous en courant avec des sacs en plastique ; je lui crie : « Hé, frangin, donne-nous quelque chose à fumer ! » La colonne est déjà en mouvement mais il nous jette trois paquets de cigarettes puis court vers son Tigre dans lequel il grimpe en marche.

Je fume plusieurs cigarettes d'affilée, impossible d'exprimer à quel point je me régale. Les cigarettes ukrainiennes ne sont pas mauvaises, ce sont des Krasny West, elles sont fortes, on n'en vend pas en Russie. Je suis mal à l'aise de ne pas les avoir achetées. Je n'ai pas l'habitude de prendre ce qui ne m'appartient pas mais je me console en me disant que les maraudeurs du coin ont déjà commencé à piller.

Tout en fumant, je fulmine contre nos supérieurs parce que nous sommes ici depuis trois jours mais apparemment personne ne s'est dit là-haut que nous aurions besoin de fumer, de boire et de manger. Je me souviens qu'il y a une semaine, alors que nous étions rassemblés sur le camp, nous avions reçu l'ordre de ne pas nous charger. À ce moment-là, la majorité d'entre nous croyaient encore que c'était un entraînement, mais moi je sentais que quelque chose se préparait. Certes, personne, même dans les pronostics les plus sombres, ne supposait que nous irions plus loin que la RPL et la RPD. Je me berçais peut-être d'illusions.

J'ai donc préféré me casser de cette unité militaire le plus vite possible sans même faire établir mes documents de voyage. Arrivé dans mon unité, j'ai été gratifié presque aussitôt d'une perm de deux semaines (je n'avais pas utilisé mes congés d'ancien combattant pour l'année précédente et ils ont tout fait pour m'arranger) à condition que je revienne bien pour « sauver l'Ukraine occupée par les nazis ».

Il est temps que je vous explique mon rapport à la guerre. Comme n'importe quel militaire doué de bon sens, j'ai une opinion négative de la guerre. Bien sûr, tout ce qui est lié aux activités militaires me plaît, comme à la majorité des hommes, parce que j'ai baigné dedans toute mon enfance. Mais, comme on dit, « ceux qui parlent haut et fort de la guerre sont ceux qui ne la feront pas ». D'une façon générale, je ne comprends pas pourquoi nous avons besoin de cette guerre contre l'Ukraine, je n'y vois pas la moindre raison et je dirais même que j'étais contre le rattachement de la Crimée (c'est d'ailleurs en Crimée que j'écris ces lignes) et la zizanie qui a été créée en RPL et en RPD. De plus, les Ukrainiens sont le peuple le plus proche des Russes et pour moi ce n'est rien de moins qu'une guerre civile. Mon arrière-grand-père, à qui je dois mon prénom Pavel, était un koulak d'Ukraine. Il a fait la Première Guerre mondiale (qui d'ailleurs n'a rien apporté d'autre à notre pays que mort et souffrance), il a été empoisonné au gaz par les Allemands et a perdu à jamais l'odorat. Revenu de la guerre, il a été « dékoulakisé[1] » et exilé en Sibérie. Depuis un siècle, le pouvoir est passé de main en main et, aujourd'hui, son arrière-petit-fils Pavel est expédié dans sa patrie d'origine pour y sacrifier sa santé, encore une fois pour rien. Il y avait le tsar, il y a eu le « Petit Père des peuples », ensuite le secrétaire du Parti et maintenant le président.

Comme dit le proverbe, « les boyards se battent et les serfs perdent leur chapka ». Poutine et Zelensky feraient mieux de se rencontrer pour se mettre d'accord sur ce qui appartient à qui pour éviter à des dizaines de milliers de soldats russes et ukrainiens et à des civils de mourir, à des centaines de milliers de personnes de souffrir et à des millions d'autres de perdre leur maison et leurs biens. Mais on m'a interdit d'exprimer ces pensées, je n'ai absolument pas le droit de le faire. C'est pourquoi

1. Pendant la collectivisation, sous Joseph Staline, de 1929 à 1933, des millions de koulaks (paysans « riches ») ont été déportés en Sibérie.

je ne dirai plus rien et personne ne verra jamais ce spectacle. En effet, qui suis-je pour réfléchir à ces choses, je ne suis qu'un parachutiste contractuel ordinaire, j'ai reçu des ordres, les forces armées parachutées ont décidé et j'ai répondu : « Présent ! »

Car l'armée est constituée sur la base d'un commandement unique, ce qui est correct à mon avis. Si quelqu'un attaque notre pays et que l'armée commence à réfléchir pour savoir si c'est juste ou non, si c'est bien ou mal, si c'est la vérité ou un mensonge, cela peut coûter très cher, les villes seraient envahies et bombardées, nos proches souffriraient le temps que chaque soldat arrive à la conclusion que le commandement avait raison.

Cette fois aussi nous avons obéi aux ordres. Pour moi, quelle honte et quel déshonneur si j'avais refusé de franchir la frontière ukrainienne le 24 février sous prétexte que je ne disposais pas d'informations suffisantes à cet instant-là et que je ne connaissais pas les circonstances stratégiques, militaires et politiques. Ces informations doivent être à la disposition des messieurs qui sont tout en haut, c'est justement pour cela que les peuples de notre pays leur ont laissé un pouvoir quasiment illimité en leur faisant confiance pour qu'ils accroissent ou au minimum maintiennent le bien-être, la puissance et la grandeur de notre pays. La force de l'armée russe est entre leurs mains, et si là-haut ils l'ont oublié il faut leur rappeler : le pouvoir ne leur a pas été confié pour anéantir des gens mais pour protéger notre pays et les peuples qui l'habitent, pour que les horreurs du joug tataro-mongol, de Moscou brûlée par

Napoléon ou encore de Stalingrad détruite par Hitler ne se répètent pas. Mais s'ils l'oublient ou l'ignorent, la Russie deviendra pour le monde entier un quatrième Reich. À qui la faute ? À moi ? En réalité, je remarque que la Russie tombe de plus en plus bas dans le monde.

27 février

Vers une heure du matin, je vois Kherson en entier. Notre colonne est à l'arrêt, déployée sur la chaussée ; j'ai l'impression que nous encerclons la ville. J'espère que nos grands généraux ne vont pas nous y faire entrer en colonne au milieu de la nuit. Je suis sûr que le résultat serait affligeant.

Nous restons dans nos véhicules et nous les déchargeons. À côté de nous, des tireurs de mortier 120 mm ont ouvert le feu parce que leurs tirs ont une portée de huit kilomètres. Les nôtres, des 82 mm avec une portée de quatre kilomètres, ne servent qu'à couvrir un assaut de l'infanterie. Je me demande une fois de plus ce que je suis venu fiche avec les mortiers ; je serais mieux maintenant avec ma compagnie d'assaut alors que là, je suis assis sur des caisses d'obus comme sur un baril de poudre…

Ma compagnie n'était pas loin. Un camarade qui était dans la cabine du camion s'approche de moi et me donne une bouteille d'eau gazeuse parce que quelqu'un lui en a donné plusieurs. Nous la buvons d'un trait, et cette eau sucrée nous redonne un petit peu d'énergie.

Vers deux heures du matin, la compagnie de reconnaissance part vers l'aéroport de Kherson pour voir ce qu'il s'y passe avant que notre régiment n'aille l'occuper. Nous partons à la suite des éclaireurs dans nos camions remplis de mortiers. Le bataillon d'assaut, dans lequel il ne reste que ma compagnie parce que les deux autres ont péri avec le commandant de bataillon le 24 février, circule dans des camions et le bataillon des parachutistes dans des BMD-2 (il n'en restait pas beaucoup non plus, soit parce qu'une partie d'entre eux ont changé de direction, soit parce qu'un grand nombre de véhicules sont tombés en panne en chemin).

Je réalise plus tard que ce n'est pas loin mais nous roulons très lentement. On aperçoit déjà des maisons d'habitation, des bâtiments, des magasins, des stations-essence et des entrepôts. Nous sommes dans la banlieue, un panneau nous indique l'aéroport. Çà et là des voitures accidentées, de temps en temps des coups de feu. J'en ai marre d'attendre, d'avoir faim et froid, je tombe de sommeil, mais j'ai peur de m'endormir et d'être pris au dépourvu. Mon camarade lui aussi pique du nez, et pourtant l'endroit ne manque pas de coins pour une embuscade…

Nous entrons en douceur sur le territoire de l'aéroport. Notre Oural s'arrête à côté du terminal. Nos hommes entrent et sortent tranquillement du bâtiment, nos supérieurs y ont installé leur quartier général. Bon, alors on dirait que tout ne va pas si mal, nous avons rempli notre mission. Je ne me rappelle pas comment je me suis endormi.

Soudain, je suis réveillé par une lumière violente, de l'agitation autour de moi, j'entends quelqu'un crier : « Au combat ! » Notre camion avance et s'arrête d'un seul coup, nous sautons de la caisse sans rien comprendre. Une violente explosion illumine tout autour de nous, je vois six camions de mortiers, le camion de ma compagnie à côté et d'autres engins un peu plus loin. Un KAMAZ a explosé sur la piste d'atterrissage, impossible de savoir combien de véhicules sont en feu, deux ou trois, les gens courent dans tous les sens, tombent par terre, certains prennent position, des véhicules s'éloignent de l'incendie et des explosions, tout se remet à exploser. Je vois des rafales de mitraillettes tirées depuis le terminal, je n'y comprends que dalle. Je demande ce qu'il se passe à tous ceux qui me tombent sous la main mais personne ne sait rien, les violentes explosions se répètent et les éclats déchirent l'air en sifflant et en bourdonnant. Après chaque explosion je tombe par terre puis je me remets sur mes jambes en essayant de comprendre d'où viennent les attaques, qui tire, avec quelles armes et qui est visé. Le KAMAZ flambe de tous ses feux et éclaire le site immense de l'aéroport. Il transportait des obus, et cela explique pourquoi les explosions se suivent. Le jeune lieutenant, qui lui non plus ne comprend pas ce qu'il se passe, donne l'ordre aux mortiers de se mettre en position de combat. Nous installons les mortiers et prenons nos positions.

J'en ai assez de faire des burpees par réflexe à chaque explosion alors je m'éloigne encore d'une cinquantaine de mètres et je m'allonge en me couvrant la tête de mon fusil. Une autre occasion de regretter mon casque perdu. Je suis à environ deux cents mètres du camion en flammes, les éclats volent encore plus loin et parfois viennent s'enfoncer dans la terre juste à côté de moi.

Je regarde autour de moi et je vois que les hommes de ma compagnie sont en position allongée, en cercle. Je me joins à eux en essayant d'apprendre ce qu'il se passe mais personne ne comprend rien. Dix minutes plus tard, il est clair qu'il ne s'agit pas d'un piège dans lequel nous serions tombés et que personne n'est en train de nous attaquer. Je ne sais pas comment plusieurs camions sont détruits et s'il y a des morts ou des blessés. Deux heures plus tard, les engins sont totalement réduits en cendres et ne font plus que fumer. Les explosions se sont tues, c'est l'aube.

Nous commençons à creuser des tranchées. Ma compagnie est disposée en ligne et les véhicules sont éloignés les uns des autres d'environ cent mètres, ils abritent entre quatre et cinq personnes, il n'y a pas plus de quarante hommes dans la compagnie, plus une dizaine de chauffeurs qui se sont joints à eux. Par exemple, un soldat appartenant au peloton des drones avait bizarrement été nommé chauffeur quand nous étions encore au quartier en Crimée alors qu'il avait été formé comme opérateur de drone et n'avait pas demandé à être chauffeur.

Une ligne de camions devant la piste ; derrière elle, c'est le terminal où s'est installé le commandement, le matériel est à côté du terminal ; personne d'autre dans mon champ de vision. Nous enterrons nos mortiers devant le dernier véhicule. Je dis au lieutenant que c'est n'importe quoi de creuser des tranchées devant l'infanterie d'assaut et qu'il faut d'abord connaître les positions. Bon, il fait l'idiot, on lui a dit que nos positions étaient ici. Nos camions chargés d'obus ne sont pas loin et si nous sommes attaqués, ils feront un beau feu d'artifice tout près de nous. Le lieutenant en a marre de m'écouter et me dit que je n'ai qu'à aller dans le terminal et dire tout ça aux chefs. Les autres commencent à enterrer les mortiers en râlant. Je vois bien que j'essaye de faire mon intelligent et de discuter avec mes supérieurs une fois de plus, alors je décide de la fermer et d'aller creuser avec les autres, je n'ai plus la force de contester et je n'ai pas le choix non plus.

La terre est dure et argileuse, nous creusons jusqu'à onze heures. Nous recevons l'ordre de conduire les camions jusqu'à la forêt derrière la piste. Les chauffeurs se mettent au volant, six véhicules s'éloignent de deux cent cinquante mètres environ derrière nous. La lisière de la forêt est constituée de petits arbres desséchés ; les camions font une tentative pour s'y camoufler mais ils restent visibles à n'importe quelle distance parce que fin février, les feuilles sont tombées et les branches sèches, moins hautes que les camions eux-mêmes, ne risquent pas de les cacher. Bon, au moins ils sont plus loin de nous.

Une voiture particulière montre son nez à moins de deux kilomètres de nous dans le pré et elle entre dans la forêt. Nous ne comprenons pas qui c'est, nous lançons une grenade dans sa direction pour qu'elle ne s'approche pas. Des véhicules partent en reconnaissance pour contrôler les environs. La voiture, soulevant des nuages de poussière, fait demi-tour sans demander son reste.

Vers midi, l'unité de mortiers reçoit l'ordre de s'approcher de la station météo située à côté du terminal. C'est bien ce que je craignais, nous avons creusé ces fossés pour rien.

Pendant ce temps, les lieutenants sont appelés au quartier général pour une réunion. Ils reviennent de là inquiets en nous disant de prendre position à côté des camions à la lisière de la forêt. Nous traînons le matériel et le chargeons dans les camions. Il est environ quatorze heures.

On nous fait savoir que notre mission est de tenir l'aéroport à tout prix. Selon les informations des éclaireurs, une vingtaine de chars et deux mille fantassins (y compris des mercenaires) avancent sur nous depuis Nikolaev. Ils prévoient aussi des tirs de roquettes. Notre artillerie gros calibre nous couvrira de loin. Il est indispensable de camoufler les véhicules et de se protéger en creusant des tranchées : si l'ennemi arrive trop près nous serons à portée de son artillerie. Les mortiers de 82 mm ne serviront à rien parce nous devons nous positionner dans des tranchées à côté des camions et agir comme des fantassins. « Ceux à qui ça ne plaît pas n'ont qu'à rendre leurs armes, la Crimée, c'est par là. »

Putain ! Je comprends que les lieutenants eux aussi pètent les plombs et ils essayent de faire bonne mine à mauvais jeu. Tout le monde est morose, c'est peu dire. L'un dit qu'il se demande ce qu'il fout là, l'autre tente de reprendre courage, les troisièmes essaient de camoufler les véhicules sans broncher, ils construisent une espèce de cabane avec de fines branches séchées comme s'ils préparaient un feu de camp chez les pionniers[1]*. La lisière de la forêt s'amoindrit à cause de tout ce qu'ils ramassent pour*

1. En URSS, les enfants étaient inscrits dans des organisations de pionniers où ils recevaient les bases de l'éducation communiste et pratiquaient diverses activités, dont des activités de plein air.

leur construction. Les six camions sont clairement visibles à distance.

Une fois de plus, je ne peux pas me taire et je dis que ce camouflage, c'est n'importe quoi, qu'il faut nous protéger le plus vite possible dans des tranchées à distance des camions sinon, s'ils explosent pendant les combats, nous rentrerons tous les pieds devant. Le lieutenant nous propose de prendre position à trente mètres des camions, tout le monde commence à se disposer et, en fin de compte, chacun choisit l'endroit où il va se creuser une tranchée. Je ne m'éloigne pas trop des véhicules, même si je comprends que c'est un vrai suicide. Encore une preuve que dans les écoles militaires on nous apprend très bien à ne pas penser.

La seule chose qui me fait plaisir, c'est que les gars ne sont pas loin, alors que tous les officiers d'un grade supérieur à commandant de compagnie sont dans le terminal. Quelques hommes sont allés chercher de l'eau dans le bâtiment et ils en ont rapporté autant qu'ils le pouvaient. Nous étanchons un peu notre soif. Ceux qui sont allés dans le terminal racontent que tout le commandement est là-bas ; ils ont de l'eau, les magasins duty free ont déjà été dévalisés. Un sentiment d'injustice s'empare de moi : nous sommes ici privés de tout pendant que nos chefs sont là-bas avec de l'eau, de la nourriture, de l'alcool et des cigarettes. Le terminal a l'air assez solide, ils ont plus de chances de survivre. Allez, comme on dit, on n'a que ce que l'on mérite, je n'avais qu'à faire des études !

Il faut creuser ces tranchées mais je suis à bout de forces. Je reste allongé pendant une demi-heure à regarder le ciel bleu. Je me dis que je vais retourner dans ma compagnie et laisser tomber les mortiers. D'un autre côté, avec des effectifs de trois personnes dont une est en même temps le chauffeur, je risque de ne pas être de trop ! Je décide donc de rester avec eux ; les choses sont ce qu'elles sont, je suis dans les mortiers et ce n'est sans doute pas un hasard. Je me lève et je vais faire le tour des positions. Les mortiers sont les plus éloignés à gauche ; devant, sur la droite, se trouve mon ancienne compagnie. Sur sa droite je vois les camions 4 et 5 de la compagnie des parachutistes dont certains véhicules ne sont pas partis avec le commandant du bataillon. Plus loin, sur le flanc gauche ce doivent être les BMD du bataillon de paras, mais je ne peux pas les voir parce que le territoire de l'aéroport est très grand et n'entre pas en entier dans mon champ de vision. Le commandement, la gestion et le personnel médical sont dans le terminal. En passant devant les positions de la compagnie, je remarque que tous sont aussi crevés que nous ; ils creusent des tranchées et ont installé des lance-grenades, des Outios et des fusils antichars (qui n'ont encore jamais été utilisés parce que chaque roquette coûte cinq cent mille roubles ; cette armée me rend dingue !). Ils installent des munitions et des grenades à main antichars autour de leurs tranchées. Avec les munitions, pas de problème. Si on les économise, on peut tenir toute la nuit, à condition, bien sûr, que les chars et les Grad ne nous balayent pas de loin avec leurs canons et que notre infanterie n'oublie pas de nous protéger.

De vieux minibus sont bizarrement garés un peu plus loin, démasquant nos positions et incapables de protéger qui que ce soit même des éclats. Tous les yeux ont une expression inhabituelle, comme si tous ces hommes n'étaient plus vraiment eux-mêmes sans avoir vraiment changé. Personne n'a ce regard en temps de paix, le regard de celui qui pense vivre peut-être le dernier jour de sa vie. Je regarde avec curiosité et pitié ceux qui pensaient s'emparer de Kiev en trois jours. On dirait qu'ils commencent à comprendre quelque chose. Malgré tout, ils creusent des tranchées et aucun d'entre eux ne semble avoir l'intention de s'enfuir.

Depuis le début de notre service dans l'armée, nous nous moquons les uns des autres, de notre « professionnalisme », mais maintenant c'est du sérieux et nous nous appelons « frangin ». Je me sens fier de tous ceux qui m'entourent. Je me répète que jusqu'à présent nous avons eu de la chance mais que c'est bien fini et qu'il faut s'y préparer. Avant nous, nos parachutistes ont tenu jusqu'au bout, et c'est notre tour.

Prenant conscience de cette situation que je finis par accepter progressivement, je suis encore une fois en colère de voir que nous avons été formés seulement sur le papier et que notre matériel est désespérément obsolète, les camions et les Oural, les BMD-2, les Outios et les lance-grenades, tout cela date d'il y a cinquante ans ! Bien sûr, c'était du très bon matériel mais cinquante ans ont passé ! Nous avons même gardé la tactique de nos grands-pères. Nous sommes des parachutistes et on nous envoie à la guerre dans des véhicules à peine en état de rouler, dans beaucoup d'entre eux le chauffage ne marche pas ou bien il y a un interstice de la largeur d'un doigt dans la porte.

Quand tout le monde apprendra que nous sommes en train de nous autodétruire, nous qui sommes si fiers de notre armée et de son matériel en refusant de voir les problèmes sous notre nez, que se passera-t-il ? La moitié des hommes de ce pays sont passés par l'armée et savent dans quel état elle est, mais une fois qu'ils en sont partis, ça ne les empêche pas de crier haut et fort en se frappant la poitrine que nous serons toujours vainqueurs et qu'ils sont prêts à y retourner. J'ai rencontré dans ma vie tellement d'idiots qui veulent démontrer la bave aux lèvres que tout est mieux chez nous. Ce qui a été créé il y a cinquante ans ne peut pas être mieux que chez les autres, ne serait-ce que parce que les années ne font pas de cadeau, même au matériel militaire. Un nombre incalculable de véhicules n'ont tout bonnement pas réussi à arriver sur le terrain des combats, alors qu'on parle de deux à trois cents kilomètres !

C'est avec ces réflexions en tête que j'arrive devant un des camions de ma compagnie. Les « bérets bleus », légèrement enfouis dans des fossés, sont tranquillement assis à réchauffer leurs rations, l'un d'eux a même déniché une bouteille de cognac. Ils en ont déjà bu la moitié et tous les quatre sont bien détendus. Ils me tendent la bouteille et je m'installe avec eux. L'un d'eux décore le capot de leur véhicule. Je regarde la bouteille, c'est du bon cognac. Le soldat qui me l'a tendue lève son verre « À nos gars ! » Je trinque en cognant la bouteille sur leurs poings et avale quelques gorgées. La chaleur descend de ma bouche vers mon ventre…

J'allume une cigarette et continue d'examiner les positions en restant avec eux. Ces camions seront anéantis de loin par les chars sans aucun problème et il faudra riposter depuis les tranchées. Que nous sommes peu nombreux !

Où sont les chars qui étaient là hier ? Les autres ont sans doute encerclé la ville et nous, nous devons tenir l'aéroport.

L'alcool m'a légèrement détendu, je bavarde avec les gars, nous nous disons : « Les Russes ne se rendent pas » pour essayer de nous mettre dans le bon état d'esprit. C'est vraiment insupportable quand tout ce qui peut te venir en aide dans ce genre de situation, ce sont les souvenirs des exploits de personnes qui ont péri depuis longtemps dans d'autres guerres. Il ne reste que le patriotisme pour remplacer une bonne préparation, une bonne logistique et du matériel moderne.

Il faut que je me mette à ma tranchée. Je retourne vers l'unité de mortiers. Tous ont déjà creusé pour pouvoir tirer allongés, formant une ligne de tranchées séparées. Je choisis un endroit à côté des autres servants et je commence à creuser.

Le travail fini, j'entoure la tranchée de grenades et j'en garde une à l'intérieur. Notre groupe se rassemble pour réchauffer les rations et nous mangeons bien à notre faim. Bizarrement, nous rations sont devenues très bonnes. Nous faisons bouillir de l'eau pour un café.

Au cours de la journée, nous avons entendu des coups de feu et des rafales sans pouvoir comprendre d'où ils venaient. J'ai vu à plusieurs reprises des roquettes partir derrière le terminal et abattre des drones.

La nuit commence à tomber. Je refais un tour des mortiers pour bavarder avec tout le monde. Je me rends compte que j'aime beaucoup la façon d'être de l'adjudant daghestanais. Il a le même âge que moi. Il est inquiet mais il garde courage et dit à tous les autres autour de lui qu'on les aura, que « les Khokhols sont foutus » et qu'on se battra jusqu'au dernier.

Vers minuit, fatigué d'attendre une attaque, je vais dans ma tranchée. Les gars m'ont apporté le sac de couchage à la fermeture cassée ; emmitouflé dedans, je m'allonge sur le dos, mon fusil dans les bras. Je me mets sous la tête la grenade que j'ai laissée plus tôt dans la tranchée. Je regarde le ciel. Il est très beau, des milliers d'étoiles et encore plus de satellites. J'ai le sentiment que la vie est belle. Je n'ai plus la force d'analyser ce qu'il se passe autour de moi et je décide de dormir. En m'endormant, je me dis que quoi qu'il arrive je ne m'enfuirai pas quand les combats commenceront. Si j'en arrive à être blessé ou fait prisonnier, je me ferai sauter avec la grenade que j'ai sous la tête.

« Mon Dieu, donne-moi la force d'accueillir dignement ce qui m'est échu. Je suis né dans le 56e et c'est là qu'est ma place. » Les dix ans d'une autre vie, quand je travaillais avec les chevaux, me semblent totalement irréels, comme si ce n'était pas moi, comme si c'était un autre univers. Ce n'était pas moi, le véritable moi, c'est ici et maintenant.

Toutes ces pensées tournoient dans ma tête. Je me mets en condition tout en m'endormant tout doucement et je ressens le bonheur absolu d'avoir accepté mon sort… Je ne dors pas encore tout à fait quand un de ceux qui patrouillent les positions s'approche de moi avec ces mots : « Pacha, tu ne dors pas encore ? Tu ne veux pas fumer une cigarette ? » Il me parle de sa famille, de sa femme et de ses enfants. Dans le noir absolu, il est accroupi à côté de moi, je suis allongé sur le dos, emmitouflé dans mon duvet, mon fusil dans les bras, fumant une cigarette, et je comprends qu'il a besoin de parler parce qu'il cherche un soutien. Je lui réponds quelque chose en essayant de saisir ce qu'il me raconte. Et je m'endors…

J'ai grandi dans une famille de militaires. Mon père a servi dans cette même brigade de parachutistes numéro 56 où j'ai moi-même été engagé, de sorte que j'ai pu observer la décadence des forces armées parachutées toute ma vie.

Mon père a participé à la mission pacifique de l'ONU en Yougoslavie, où il représentait la Fédération de Russie ; il a fait la première et la seconde campagne de Tchétchénie et a consacré toute sa vie et sa santé à l'armée. C'était un patriote qui croyait aux bonnes intentions de notre pays. Pendant la deuxième guerre de Tchétchénie, il a combattu avec un seul rein parce qu'il aurait eu honte de refuser de partir. Il a donc fait les deux campagnes.

Il est mort d'un cancer en 2017. Au cours de ma dernière conversation avec lui je lui ai demandé s'il ne regrettait rien. Je le raccompagnais à la maison, à Kamychine, après son séjour à l'hôpital oncologique de Volgograd. Il avait alors cinquante-deux ans. Entre Kamychine et Volgograd il y a deux cents kilomètres. Nous étions au début du mois d'août, on lui avait enlevé la vessie un mois plus tôt et, comme je l'ai dit plus haut, depuis 1999 il n'avait déjà plus qu'un seul rein mais il continuait quand même à servir dans les forces armées parachutées, à participer aux opérations militaires. Il était capable de faire par exemple trente tractions.

Son cancer avait été diagnostiqué deux mois plus tôt et son état s'était rapidement aggravé. Il fallait l'opérer de toute urgence mais il n'a jamais pu obtenir l'aide de l'armée pour être admis à l'hôpital de Bourdenko ou dans un autre. Il a été opéré à l'hôpital payant de Nijni-Novgorod. À l'hôpital de Volgograd, ils devaient juste changer le tube de son drain dans la poche de son dernier rein.

Je me souviens que nous avons passé toute la journée dans les files d'attente, dans la chaleur, au point que même moi qui étais en pleine santé j'avais la tête qui tournait. Il devait passer devant une commission pour décider si on devait lui appliquer cette procédure ou non. Je revois mon père qui, quelques mois plus tôt, était encore un homme solide et sportif. Ce jour-là, courbé et amaigri, un rein et la vessie en moins, il se tenait devant cette commission médicale composée d'environ sept médecins. Une femme d'environ trente-cinq ans était à sa tête et lui posait des questions sur un ton grossier et irrité. J'ai regardé mon père et j'ai vu qu'il se sentait très mal, qu'il ne comprenait pas les questions qu'elle lui posait, mais elle continuait en haussant le ton, de plus en plus fort. J'ai explosé et je leur ai hurlé dessus : « Je ne comprends pas que l'on puisse traiter les malades de cette façon. Je ne comprends pas comment notre pays peut être aussi injuste alors que les gens donnent leur vie et sacrifient leur santé pour lui et que le respect qu'on leur accorde en échange n'est que du bavardage de propagande diffusé sur les chaînes nationales. Je ne comprends pas que notre société soit pourrie au point que les médecins puissent se permettre de se comporter ainsi avec leurs patients. »

Je suis ensuite allé trouver la médecin-chef. Je me souviens que je suis entré en trombe dans son bureau, que je lui ai raconté que mon père était ancien combattant retraité de l'armée et j'ai ajouté que si on ne lui prodiguait pas les soins nécessaires tout de suite je le laisserais mourir ici et j'irais chercher des journalistes, le FSB, le parquet, la police, n'importe qui, mais qu'il resterait ici. Bizarrement, la médecin-chef a donné des instructions pour que tout soit fait, gratuitement même, soit parce qu'elle avait vraiment pitié de nous, soit parce qu'elle avait peur, soit parce qu'il reste encore des gens avec une âme dans ce système.

Donc, raccompagnant mon père à la maison après ces quelques jours passés à l'hôpital, j'ai discuté avec lui tout au long des deux cents kilomètres que nous avons parcourus ensemble. La chanson « Les Bérets Bleus[1] » tournait dans ma tête. « Allez, papa, raconte-moi ! » Écoutez cette chanson avant de continuer à lire.

Il me faisait de la peine à cause de ce comportement je-m'en-foutiste de notre système pourri envers un retraité de l'armée qui avait combattu. Il touchait sa pension militaire, bien sûr, mais elle n'était pas bien grosse : quinze mille roubles. Il n'avait pas obtenu de pension d'invalidité parce que pour prouver son invalidité il fallait avoir traversé plusieurs cercles de l'enfer dans sa vie. Cet homme avec un grand H était un vrai

1. Chanson des parachutistes, disponible sur https://yandex.ru/video/preview/16391589852889723259.

patriote, un parachutiste de l'ancienne garde soviétique qui a, hélas, aujourd'hui disparu. Il a cru jusqu'au bout aux bonnes intentions de notre gouvernement, même quand il était dans l'état que j'ai décrit plus haut. Il pensait sincèrement qu'il voulait rendre notre pays et notre armée meilleurs. Dans le passé, il avait refusé d'émigrer en Allemagne dans le cadre du programme « Les derniers déplacés » (mon arrière-grand-mère était allemande et avait elle aussi été exilée en Sibérie) parce qu'il croyait en la Russie et se considérait comme russe, et rien que russe. Tout cela malgré le fait qu'à cinquante-deux ans, retraité de l'armée, il ne pouvait pas obtenir d'aide médicale dans les structures militaires, devant se soigner à ses propres frais dans des hôpitaux civils. Il était déjà invalide à ce moment-là, et seuls sa famille et quelques anciens amis se souciaient de lui. J'avais de la peine pour lui parce que après avoir contracté toutes ces maladies pendant ses services militaires et en combattant pendant les guerres, il n'avait qu'une pension de misère. Quand il a eu besoin de soins, l'État l'avait tout simplement oublié, comme beaucoup d'autres qui avaient laissé leur peau et leur santé, non pas pour des yachts, des palais et du luxe, mais pour assurer un avenir heureux à leur grand pays et à son peuple qui avait tant souffert. Ce peuple dont les ancêtres avaient vaincu le fascisme et lui avaient laissé en héritage la devise : « Pourvu qu'il n'y ait pas de guerre ! » Je savais déjà qu'il ne lui restait plus longtemps à vivre mais j'avais tant de peine pour lui, j'étais tellement triste de voir qu'il quittait sa famille si jeune, à cinquante-deux ans seulement, que je n'ai pas pu me retenir de parler avec lui de politique, des campagnes de Tchétchénie, de la corruption et de la décadence de l'armée. Je lui ai demandé s'il ne regrettait pas d'y avoir sacrifié sa santé alors que cette même armée ne faisait rien en remerciement pour l'aider à se soigner. Pendant ce temps, ils gueulent sur tous les toits qu'elle grandit de jour en jour et que son armement est invincible. Je n'y croyais déjà plus, parce que j'avais vu toute cette cuisine en interne.

Mon père n'était pas d'accord avec moi, il disait que tout n'allait pas si mal, que tout s'arrangeait petit à petit et ne ferait que s'améliorer, que notre armée allait dans la bonne direction et que notre président ne prenait que des bonnes décisions…

Nous nous sommes disputés à cause de tout cela et avons passé la dernière demi-heure sans dire un mot. À cette époque-là, je travaillais à Volgograd et, après avoir raccompagné mon père chez lui, où l'attendaient ma mère et ma sœur, je suis remonté dans ma voiture et rentré chez moi. Je suis revenu pour son enterrement trois mois plus tard. L'État lui a octroyé une pierre tombale et un emplacement au cimetière ainsi que le salut militaire. Je regrette beaucoup d'avoir eu cette dernière conversation avec lui. Mon indignation reste néanmoins entière quand je vois que rien ne progresse dans l'armée. Pourquoi ne résout-on pas ces problèmes ?

28 février

Des explosions et des coups de feu ont éclaté pendant la nuit, mais j'étais profondément endormi et je ne sais pas d'où c'est venu. Je me souviens d'avoir été réveillé par le froid et de m'être rendormi à plusieurs reprises. Je me lève à l'aube. Dieu que ce monde est beau ! J'ai de nouveau envie de vivre.

Je marche un peu pour bavarder avec tout le monde, nous réchauffons nos rations. Nous n'avons pas été attaqués cette nuit, il paraît que notre artillerie a empêché les Ukrainiens de s'approcher. Je ne connais pas les détails, ce sont des bruits qui courent.

Une autre rumeur circule : nos éclaireurs auraient trouvé les commandants du bataillon et des mortiers avec les deux compagnies qui sont parties devant le 24 février. Est-ce la vérité ou une fake news ?

On raconte aussi qu'un canon de BMD aurait tiré sur une voiture de civils qui refusait de s'arrêter. Il y avait une mère et plusieurs enfants dans la voiture et seul un enfant a survécu, il est maintenant au terminal. Je ne fais pas partie des gens qui se font des illusions sur la guerre : la guerre fait et fera toujours des victimes civiles. Cette nouvelle m'affecte quand même. Pendant que nos gouvernements décident entre eux comment il faut vivre et que les militaires ne sont que leurs instruments, des civils meurent, leur monde s'écroule. A priori, on sait tout ça, mais quand tu en prends vraiment conscience, tu fais quoi ? Tu laisses tout tomber et tu pars ? Dans ce cas, tu deviens un lâche et un traître. D'un autre côté, si tu continues, tu es complice et responsable des morts et des souffrances. C'est un dilemme insoluble.

Au bout d'une heure, les véhicules des 4e et 5e compagnies démarrent et prennent position devant nous sur la gauche. Un sentiment de joie me gagne doucement. Finalement, tout ne va pas si mal. Je vais saluer les camarades, questionner les uns et les autres sur ce qu'ils ont fait, leur demander où ils étaient.

Passant de voiture en voiture, j'apprends qu'ils se sont battus pour traverser le pont, se sont cachés dans la forêt où ils ont attendu le gros de la colonne parce que les communications étaient coupées. Je ne vais pas énumérer les détails de ce qu'ils m'ont raconté avec beaucoup d'émotion. Ils sont seuls à savoir ce qui est vrai et ce qui est faux. Je leur pique quelques paquets de cigarettes et je fais demi-tour, ragaillardi ; au moins une bonne nouvelle ! Revenant vers les tranchées des mortiers, je vois le commandant qui a vraiment beaucoup changé physiquement, comme nous tous, sans doute. Il faut une fois de plus creuser des tranchées pour les mortiers.

Deux heures plus tard, nous recevons l'ordre de repos et commençons à nous préparer pour l'assaut de Kherson.

Mes sentiments sont indescriptibles : la fatigue ou bien l'impression de ne rien comprendre à toute cette histoire ? Personne ne sait rien de concret. À qui pourrions-nous poser des questions puisque toutes les informations sont communiquées à la dernière minute ?

En théorie, la mission des parachutistes est de réaliser un saut rapide, de former une tête de pont et de la tenir jusqu'à l'arrivée du gros des forces. Ce sont des unités où il n'y a pas de matériel ou d'armement de pointe, nous ne sommes pas l'armée de base. Notre nombre total pour tout le pays ne dépasse pas quarante mille hommes, dont une partie de conscrits qui sont dans les garnisons. Où est l'armée ? Pourquoi ne reste-t-il à l'aéroport que ma 6ᵉ compagnie d'assaut alors que la 4ᵉ et la 5ᵉ, à peine revenues de l'enfer, partent déjà à l'assaut de Kherson ? Est-ce possible qu'une seule compagnie incomplète doive tenir l'aéroport ?

C'est avec ces pensées en tête que nous avançons vers Kherson. On n'y peut rien, personne n'a l'intention de faire demi-tour.

Dans l'après-midi, vers dix-sept heures, nous nous mettons en colonne sur la piste. Notre compagnie, avec ses mortiers et une petite réserve d'obus, doit partir dans les véhicules des 4ᵉ et 5ᵉ compagnies. Ils sont une trentaine et les camions resteront à l'aéroport. On installe les mortiers dans les véhicules et on essaye de trouver une place pour nous. Finalement, comme je ne veux pas monter dans des camions déjà pleins à craquer, j'attends le dernier de la colonne, le seul de ma 6e compagnie.

Je grimpe, la colonne s'ébranle ; on est six dans un véhicule rempli de munitions, de grenades, d'Outios et de missiles antichars. J'ai du mal à trouver où m'asseoir. Nos armes sont chargées et nous avons tout contrôlé autour de nous ; nous sommes prêts à ouvrir le feu à n'importe quel moment. En sortant de l'aéroport, on tombe parfois sur des endroits où il y a visiblement eu des échanges de tirs. La colonne avance vite et nous sommes tous tendus. Quelques Tigre arrivent à toute allure en face de nous, on dirait que ce sont des kadyrovtsy[1]*. Nous leur faisons un signe de la main.*

On traverse la banlieue en longeant des hangars, des maisons, on croise des groupes de civils avec des bagages qui fuient probablement la ville.

J'ai du mal à me tenir dans la caisse ouverte du véhicule. On est à l'étroit, les grenades et les lance-grenades sont dispersés sur le sol et nous sommes assis ou debout dessus. Ça doit arriver de se faire sauter tout seul, mais c'est ensuite présenté comme une « mort en héros au combat » !

Je regarde autour de moi dans le viseur de mon fusil. En cas d'embuscade, il faudra se débrouiller pour sauter du véhicule même si on est serrés comme des sardines. Les balles ne feront qu'une bouchée de cette boîte de conserve. Quant aux grenades et aux RPG[2]*, elles la transformeront carrément en baril de poudre.*

1. Miliciens qui soutiennent Kadyrov en Tchétchénie et qui ont été envoyés sur le front dès les premiers jours de la guerre.
2. Lance-roquettes antichars à réaction.

On n'a pas roulé longtemps. Devant nous, un petit pont traverse une rivière desséchée et envahie par de hauts roseaux. C'est déjà l'entrée de la ville, les gratte-ciel commencent là. J'espérais vraiment qu'on n'entrerait pas en colonne mais je me suis trompé.

Notre colonne se range sur le pont et reste immobile. C'est l'endroit idéal pour une embuscade : une route étroite bordée de hauts roseaux, avec juste derrière des maisons individuelles, devant et à gauche de grands immeubles, et à droite une usine. Je n'arrive pas à encaisser cette absurdité… Dans nos véhicules non blindés, nous sommes une cible idéale. Nous restons plantés là pendant encore vingt minutes, les véhicules à touche-touche. Des voitures civiles s'approchent ou s'éloignent. Il commence à faire nuit.

Finalement, les premiers véhicules tentent d'opérer un demi-tour sur la route étroite et de repartir dans l'autre sens. En fait, nous avons raté le croisement. Quels bouffons ! Je me demande toujours pourquoi les Ukrainiens ne nous ont pas encore attaqués. Ils veulent nous entraîner plus loin ou ils ont l'intention de livrer la ville ?

Une compagnie prend position à droite du pont, une autre à gauche, une partie des mortiers à droite, une autre à gauche. Je suis sur les positions de gauche. Des voitures civiles foncent devant nous et la moitié des passagers nous filment sur leurs smartphones. Un minibus Volkswagen passe à toute vitesse, j'ai juste le temps de voir qu'il est plein d'hommes vigoureux… Personne ne donne l'ordre de bloquer la route. Un motard nous dépasse en nous filmant d'une main avec une Go-Pro.

Pendant tout ce temps, nous prenons nos positions de défense en cercle. De chaque côté, nous installons environ quinze véhicules protégés par nos 82 mm et les compagnies ont des Outios, des AGS[1] *et des missiles antichars.*

*L'atmosphère est très tendue... La nuit tombe vite, de rares tirs proviennent de la ville. On reçoit l'ordre de se protéger dans les tranchées. Apparemment, personne n'est encore entré dans Kherson mais j'apprends petit à petit que les autres unités de la 7*e *division se sont approchées de la ville en venant d'un peu partout. Notre bataillon de parachutistes est aussi quelque part dans le coin. Chaque sous-section a une direction à respecter et un secteur à prendre. Pour nous : ordre d'aller vers le port. Est-il possible qu'ils nous fassent prendre la ville de nuit ?*

Devant le ruisseau s'élève une petite butte, ce n'est pas une mauvaise position mais c'est trop proche des maisons. Je me dis que si un ennemi connaissant bien les lieux voulait nous attaquer, il n'aurait pas de mal à le faire en nous contournant. Une légère excitation liée à l'adrénaline ne me quitte pas ; il n'y a jamais eu de plan et, comme d'habitude, personne ne sait rien.

Il fait nuit mais les habitants n'ont pas allumé les lumières dans les maisons. Derrière nous, dans le quartier résidentiel, des hommes se regroupent et s'approchent de nous pour nous montrer que notre présence ne leur fait pas plaisir. On essaye de leur expliquer poliment, ils ont l'air d'avoir un peu peur. Certains se comportent très grossièrement. On est aussi légèrement sur les nerfs et on ne sait pas trop ce qui va sortir de tout ça.

Vers vingt-trois heures, quelque chose se met à brûler sur nos positions à droite de la route. Dix minutes plus

1. Lance-grenades.

tard, un incendie se déclare également de notre côté. Ce n'est sûrement pas accidentel. Quelqu'un a dû mettre le feu à des roseaux secs de part et d'autre de nos positions. Le vent qui se lève attise les flammes qui éclairent nos positions comme en plein jour. À l'inverse, on ne voit rien dans l'obscurité à cause du feu. On s'agite et on tient nos postes en regardant attentivement autour de nous. Il est possible qu'ils nous éclairent pour permettre à leur artillerie d'ouvrir le feu. Les habitants se sont éloignés.

Les roseaux dans la rivière brûlent de plus en plus fort, le feu s'élève haut dans le ciel et atteint les arbres. Je suis à côté de la butte où plusieurs gars allongés observent l'autre extrémité de la ville, de l'autre côté de la rivière à présent en feu. Un soldat dit avoir vu quelqu'un bouger et crie : « Haut les mains, sinon je tire ! » J'accours, je m'allonge en me protégeant derrière la butte, je dirige mon fusil vers le bas en scrutant l'obscurité devant nous. Le feu est partout mais quelques morceaux de terre n'ont pas encore été touchés. C'est là que moi aussi je vois une silhouette sombre. Je pointe mon fusil dans sa direction et prends ma voix la plus effrayante pour crier quelque chose du genre : « Stop, salopard, sinon je tire. Lève les mains et approche-toi, avance à quatre pattes ! » D'autres voix à côté de moi font écho à la mienne.

La personne hésite quelques instants et finit par avancer vers nous à quatre pattes. Quand elle est suffisamment près, je me lève et je l'attrape par le col, je l'attire d'un coup brusque vers moi de l'autre côté de la butte. Costaud, le jeune gars me tombe littéralement dessus et je dévale la butte sur les genoux.

Je me redresse aussitôt pour remonter vers lui en courant. J'essaye de le reprendre par le col au moment où l'un des nôtres s'apprête à lui donner un coup de crosse sur la tête. Je lui crie : « Ne le frappe pas ! » Je saute vers le gamin et la crosse me glisse entre les mains sans vraiment l'atteindre. Ce n'est pas que j'aie pitié de lui à ce moment-là mais il serait beaucoup plus intéressant de discuter, et puis je n'ai pas envie de le cogner pour rien s'il ne résiste pas.

Le gamin se met à crier : « Ne me frappez pas ! » Il est vêtu d'un pantalon et d'une veste noirs, pas vraiment de saison. Je fais passer sa veste par-dessus sa tête, on lui met les bras derrière le dos. Je commence à le fouiller, il n'a qu'un briquet alors qu'il pue l'essence. J'essaye de l'intimider en alternant cris et ton calme. On lui demande pourquoi il a mis le feu aux roseaux et qui lui a ordonné de le faire. Il répond qu'il rentrait chez lui et répète sans cesse, terrorisé : « Ne me frappez pas. » En fait, personne d'autre ne l'a touché. Bien sûr, je ne peux pas répondre de toute notre armée mais aucun soldat n'a jamais brutalisé personne devant moi, encore moins violé.

On le fait se relever et on le conduit tête baissée vers le véhicule du commandement. D'autres hommes en civil sont allongés, les mains attachées.

Je retourne à mon poste en discutant avec les gars installés sur leurs positions. Je n'ai aucun doute, c'est bien ce gamin qui a mis le feu aux roseaux, bien sûr qu'il ne s'était pas perdu. Je remarque alors qu'un groupe d'hommes est sorti des maisons et échange des injures avec nos soldats. Je m'approche, le fusil sur la poitrine ; notre adjudant daghestanais essaye de leur expliquer poliment que nous ne les menaçons pas et qu'ils feraient mieux de rentrer chez eux. Ils repartent au bout de cinq minutes. Leur air agressif me fait penser que ce sont des soldats ukrainiens en civil qui se sont approchés de nos positions pour nous observer de près.

Il fait sombre autour de nous, les roseaux continuent de flamber, parfois des coups de feu éclatent. L'inquiétude et l'excitation dues à l'adrénaline ne me quittent pas. Que va-t-il se passer ? Il est évident que ces incendies sont là pour indiquer nos positions. Je suis pris de colère contre ces civils. Je sais bien que nous n'avons pas été invités mais ils feraient mieux de se tenir à distance, pour leur propre sécurité. C'est aussi pour ça que leur comportement m'étonne et me rend furieux, on a déjà fait des prisonniers et ils n'arrêtent pas de nous tourner autour.

Qu'est-ce qu'on fout là de toute manière ? Ce n'est vraiment pas notre job. Où est la Garde nationale ? Nous ne sommes ni la police ni les OMON[1]*. Tout le monde est prêt à l'affrontement avec l'armée ukrainienne mais personne ne veut expliquer aux civils ce qu'on fout là ; putain, on ne le sait pas nous-mêmes. Le commandement nous donne des ordres à la dernière minute. Il est trop tard pour réfléchir, parce qu'on est sur le front, et là, c'est eux ou nous.*

Je dois vous parler encore un petit peu de moi pour vous dresser un tableau complet. Entre 2007 et

1. Unités de forces spéciales relevant du ministère de l'Intérieur.

2010, après une formation de sergent dans les unités de l'OVGO[1], je suis parti en Tchétchénie comme contractuel dans la 46e OBrON[2]. Je voulais savoir ce qu'était une vraie action militaire. Mon père m'avait un jour proposé d'entrer dans une école militaire supérieure, pourtant cette fois il a essayé de me dissuader de partir. J'ai décidé de n'en faire qu'à ma tête. Dans mon génial projet, comme je le pensais à l'époque, je voulais d'abord faire mon service dans l'armée afin de pouvoir intégrer une école militaire supérieure hors concours. Même si tout n'était pas idéal dans l'armée en ce temps-là, douze ans plus tard je comprends qu'elle était alors bien plus sérieuse que tout ce que j'ai pu voir depuis.

Pensant ruser avec le système, j'ai démissionné de mon poste de contractuel six mois avant la fin de mon contrat. J'avais déjà une attestation d'ancien combattant qui me donnait le droit d'intégrer un établissement militaire supérieur et mon service militaire obligatoire était terminé. L'année suivante, je me suis préparé à intégrer, je suis passé devant diverses commissions et j'ai rassemblé les papiers nécessaires. J'avais terminé mes études secondaires en 2005, à l'époque il n'y avait pas encore de baccalauréat – maintenant, il est obligatoire pour tous. En tant que vétéran, je n'avais pas besoin de l'avoir avec mention et je l'ai obtenu sans rien préparer. Je suis donc parti à l'institut

1. Sécurité des sites nationaux sensibles.

2. Brigade opérationnelle spéciale, unité de la Garde nationale, créée en 2000 pour intervenir en Tchétchénie.

militaire de Saratov mais les résultats de mon baccalauréat ne leur étaient pas parvenus et ils ont refusé mon intégration. J'ai un peu rué dans les brancards pour obtenir gain de cause, je me suis adressé à la justice, en vain. Je me suis alors juré de ne plus rien avoir à faire avec ce système et cet État injustes. Je me suis inscrit à une formation par correspondance pour devenir professeur d'histoire, puisqu'il paraît que c'est mieux d'avoir fait des études supérieures. Je ne suis pas sûr de comprendre pourquoi, mais puisque tout le monde le dit... Mais j'ai bientôt lié ma vie aux chevaux, tout d'abord comme palefrenier, ensuite comme entraîneur. Je me suis formé dans différents endroits, j'ai acquis de l'expérience, j'ai travaillé comme écuyer puis comme instructeur d'équitation et directeur d'un haras. J'ai fini par me rapprocher de l'État en devenant responsable zootechnicien pour chevaux pour la célèbre Miratorg[1]. Au début, j'étais très content, je progressais en qualification, la société se développait rapidement grâce au budget de l'État. Environ trois cents cow-boys américains et australiens travaillaient avec nous et partageaient leur précieuse expérience. L'entreprise achetait en Occident à des prix défiant toute concurrence le matériel, le bétail, les chevaux et les technologies. Tout marchait bien, jusqu'à ce qu'en 2017 notre pays décide de faire le con encore une fois, en réponse aux sanctions, et dénonce tous les contrats signés avec les Américains qui travaillaient chez Miratorg. Ça en devenait comique : ils les prenaient en

1. Société privée d'agrobusiness.

photo buvant une bière dans un bar et mettaient fin à leur contrat sous ce prétexte. Tous mes collaborateurs russes avaient honte devant ceux qui nous avaient fait profiter de leur expérience.

Après avoir si piteusement rompu les relations internationales, le conseil d'administration s'est fixé pour but de remplacer le matériel importé par du matériel local. Sans penser que la Russie ne produisait pas de matériel d'équitation western et n'élevait pas de chevaux Quarter Horse. Pourtant, toute la technologie de production du persillé Black Angus dépend des vaches et des chevaux américains. En Russie, il y a des tonnes de chevaux merveilleux depuis l'époque soviétique (ils ont, il est vrai, disparu ces trente dernières années) mais pas de race de vache de qualité qui permette de continuer le travail. Alors que faire ? L'objectif était fixé et, comme à l'armée, il fallait obéir et en produire.

Vous imaginez ? La Russie ne fabriquait même pas des choses aussi simples que des mors – le morceau de fer ordinaire que l'on met dans la bouche du cheval pour le maîtriser. Comme j'aimais bien mon job, j'ai essayé de faire des miracles : je trouvais des chevaux dans le Caucase dont l'entreprise me donnait soixante-quinze mille roubles pièce (le prix le plus bas du marché). Avec ce budget, je devais chercher longtemps, sélectionner très attentivement, marchander et ramener des chevaux jeunes et en pleine santé. Les employés des fermes se plaignaient du manque de chevaux et de matériel qui les empêchait de faire leur travail correctement. Quand j'arrivais dans de nouvelles exploitations, je trouvais des chevaux et des vaches en très mauvais état.

À la demande du conseil d'administration, les fermes ouvraient les unes après les autres, mais tout le monde se fichait de savoir dans quelles conditions. Le principal était de tenir les objectifs et les budgets financiers. On exigeait de moi que je contrôle les gens et que je les calme par tous les moyens, quitte à leur faire des promesses qui ne seraient jamais tenues. Il faut tenir les objectifs par n'importe quel moyen. Si tu n'es pas d'accord, ils trouveront quelqu'un d'autre, les gens ne sont que des pions pour eux.

Dans la boîte, tout le monde savait pertinemment que l'affaire appartenait à Medvedev[1], que sa femme faisait partie du conseil d'administration et qu'en réalité la société n'était pas gérée par les frères Linniki. En fait, Miratorg était devenue un monopole qui couvrait les régions de Briansk, Oriol, Kalouga, Smolensk et Kaliningrad. En discutant avec des personnes haut placées (parmi lesquelles il y avait aussi un gros turnover), j'ai appris que les fonds de la société avaient été tellement gonflés qu'elle n'avait aucun retour sur investissement et qu'elle vivait sur le budget de l'État et des dotations.

En 2018, une nouvelle surprise m'attendait : les membres du conseil d'administration étant tombés sous le coup des sanctions, la société a introduit de nouvelles restrictions. Tous les employés spécialisés se sont vus

1. Dmitri Medvedev, homme politique, président de la Russie de 2008 à 2012 puis Premier ministre de 2012 à 2020. Aujourd'hui, il est vice-président du Conseil de sécurité. Il a toujours soutenu la politique de Vladimir Poutine.

privés de primes de logement au mépris des contrats de travail. Certains d'entre nous ont essayé de défendre leurs droits, d'autres se sont adressés à la justice. Quant à moi, j'ai décidé de donner ma démission, sachant que toutes les autres possibilités se retourneraient contre moi. Déjà qu'ils ne me payaient pas ce qu'ils m'avaient promis à l'embauche, ils me privaient maintenant de la possibilité de louer un logement.

Regrettant de m'être encore une fois mis entre les pattes de l'État, j'ai décidé que je n'avais pas ma place en Russie. J'ai tenté de partir à l'étranger et de voir ce qui se passait au-delà des frontières. Un mois plus tard, on m'a proposé de rejoindre la Bavière pour un échange d'expériences entre des élevages de chevaux. Je me souviens de mon appréhension à l'idée de me retrouver pour la première fois à l'étranger. J'en avais beaucoup entendu parler mais les informations se contredisaient. Certains parlaient du monde extérieur avec extase tandis que nos médias faisaient consciencieusement du lavage de cerveau : la propagande pour l'homosexualité est partout, on change le sexe des enfants contre leur volonté, bref, c'est horrible et il n'y a rien à faire dans ce monde décadent. Mieux valait voir les choses de mes propres yeux et tirer mes conclusions.

Arrivé en Bavière, je n'ai eu de cesse de m'étonner de l'ordre, de la beauté, de la joie de vivre. Beaucoup de retraités profitaient de la vie, les chevaux étaient partout sans être des objets de luxe, beaucoup d'Allemands sachant s'en occuper. J'étais surpris aussi parce qu'en Russie j'étais un professionnel, alors que là-bas j'avais l'impression d'être un amateur.

Sincèrement, j'aurais bien voulu rester mais je n'ai pas réussi à le faire légalement et je n'en avais pas non plus les moyens financiers. J'ai dû rentrer en Russie, où je ne réussissais pas à trouver ma place, il me semblait que personne n'avait besoin de moi dans mon propre pays. Je décidai de partir pour de bon. L'Australie et le Canada étaient parfaits pour ma profession, et j'ai commencé à apprendre l'anglais. Malheureusement, en 2020, le COVID est apparu, le monde entier a fermé ses frontières et j'ai été contraint d'accepter cette réalité.

Sans grand succès, je traînais d'un emploi à un autre tandis que les salaires dans le monde des chevaux étaient en chute libre. C'est ainsi qu'en 2021 j'ai pris la décision de retourner à l'armée. Les années passaient et, à trente-trois ans, je n'avais même pas un toit sur la tête, il fallait bien que je gagne ma vie.

Le 18 août 2021, j'ai signé un nouveau contrat. Je voulais le faire à Kamychine, dans la 56ᵉ brigade des parachutistes d'assaut, là où j'avais grandi et où avait servi mon père. Mais, comme je l'ai expliqué plus haut, ces grands messieurs de là-haut ont décidé de la démanteler et de la réduire à un régiment transféré à Féodossia. Quelques années plus tôt, la 181ᵉ brigade avait été créée, et c'est sur cette base qu'il était prévu de créer le 56ᵉ régiment d'assaut aéroporté, composé de deux bataillons. Je tenais par principe à intégrer le 56ᵉ. Si je devais retourner à l'armée, ça ne pouvait être que là où j'avais grandi. J'ai eu un peu de mal à signer le contrat mais j'ai enfin reçu l'ordre de rejoindre mon unité. C'est ainsi que le 18 août 2021, je suis parti à Féodossia pour y prendre mon service dans la 181e brigade et intégrer le 56e régiment le 1er décembre.

1er mars, nuit

Il est déjà deux heures du matin. Il fait très froid, il gèle sans doute, le vent violent me pénètre jusqu'aux os. Certains d'entre nous essayent de dormir à tour de rôle. Avec quelques camarades, nous patrouillons et surveillons les positions, ça réchauffe si on ne s'arrête pas de marcher.

Au loin, un Ukrainien jette parfois un cocktail Molotov pour raviver le feu autour de nos positions. On nous dit qu'un des prisonniers a dans son téléphone un chat sur Telegram où les gens postent des infos, photos ou vidéos afin d'informer sur l'état de nos forces : combien nous sommes, où, à quel moment. Ce qui veut dire qu'ils nous surveillent online et que beaucoup de civils y participent. Rien de positif ! L'atmosphère est vraiment pourrie, on n'a rien à bouffer, les tireurs de mortier sont partis sans sacs de couchage ni rations.

En marchant le long du fossé où se sont camouflés nos soldats pour surveiller la ville j'entends un autre soldat crier qu'il aperçoit quelqu'un dans le ravin où, par endroits, le feu fait rage. Je me précipite, le soldat hurle en direction du ravin : « Les mains en l'air ! ». Je remarque une silhouette et crie à mon tour en pointant mon fusil vers cet intrus. Si cette ombre fait quelque chose de douteux, je tirerai sans hésiter car je suis à bout de nerfs. L'individu grimpe vers nous à quatre pattes ; en fait, c'est une jeune femme. Je l'attrape par le col et lui fais traverser le fossé. Ses habits non plus ne sont pas de saison.

Elle est terrorisée et marmonne quelque chose dans un mélange de russe et d'ukrainien que je ne comprends pas. Je la prends par le bras comme pour un rendez-vous galant et je l'accompagne vers le véhicule des chefs. Mon camarade s'approche et lui prend l'autre bras. Marchant lentement, nous la rassurons. Elle fait une crise de panique, elle sanglote, elle dit qu'elle cherche son mari dans ce ravin en feu et que si elle se cache, c'est qu'elle a « peur de nous ». Du baratin, tout ça. Je lui ordonne de vider ses poches. Elle sort aussitôt son téléphone et nous dit de prendre tout ce qu'on veut. Je lui demande de débloquer son smartphone, elle entre son mot de passe et me tend l'appareil.

Je regarde ses messageries, presque tous ses derniers messages sont du type : « Tu es où ? », « Je suis… », « Ici, il y a des soldats partout. » Beaucoup de messages en ukrainien que je ne comprends pas mais je ne lis pas plus loin et je lui rends son téléphone. Je suis encore une fois dégoûté par toute cette merde. Tout en la calmant, nous l'amenons au commandement et l'y laissons.

Pendant ce temps, de l'autre côté de la rivière à sec, on entend des cris comme « Gloire à l'Ukraine ». Quelqu'un, semble-t-il, a tiré un coup de feu depuis là-bas mais la distance est grande et la visibilité mauvaise, alors nous ne ripostons pas. Il fait très froid, je tombe de fatigue.

Une demi-heure plus tard, la jeune femme repasse devant nous en direction des maisons ; elle dit qu'ils l'ont laissée repartir et qu'elle rentre chez elle. Au bout de la rue, à deux cents mètres environ, un groupe d'hommes reste à distance. La jeune femme les rejoint et ils vont tous se cacher derrière le carrefour, à l'arrière de nos positions. Je n'ai pas beaucoup aimé cette décision du commandement et je l'ai dit au commandant quand je l'ai vu. Bien sûr, une jeune femme saine d'esprit n'allait pas ramper dans l'obscurité sous les positions des militaires en plein incendie. Il ne reste qu'à deviner ce qu'elle pouvait bien faire là.

Vers trois heures du matin, le sommeil a raison de moi. Je vérifie qu'il y a du monde pour surveiller et je m'allonge au pied d'un arbre à côté d'une conduite en béton qui traîne. Un jeune tireur de mortier s'est couché derrière le tuyau pour se protéger du vent. Il tremble de tout son corps, claque des dents et dit qu'il a très froid. Je suis moi aussi gelé jusqu'aux os et je pars à la recherche d'un sac de couchage. Il n'y en a pas assez pour tout le monde. Plusieurs soldats ont laissé la plus grande partie de leurs affaires à l'aéroport. Je fais le tour mais je n'en trouve aucun de disponible et ceux qui en ont un ne veulent pas partager. Tout le monde dort dès que c'est possible. Certains trouvent des cartons ou des chiffons dont ils se couvrent pour essayer de dormir.

Je finis par dénicher quelque part des sortes de toiles cirées. En passant devant les maisons, à environ dix mètres derrière nos positions, je remarque ensuite une construction apparemment abandonnée, mais qui n'est pas une habitation. J'ouvre le portillon et j'entre dans la cour, l'obscurité est complète. À l'autre bout, il y a une maison en bon état, certainement habitée. Le bâtiment abandonné est vide, mais je dois lutter contre l'envie d'entrer en face. S'il y a quelqu'un dedans, je pourrais peut-être demander une couverture ou autre chose pour me couvrir ? Et s'il n'y a personne, je pourrais prendre quelque chose de chaud ?

Je renonce vite à cette idée. S'il y a des gens à l'intérieur, et peut-être des enfants, mon entrée au milieu de la nuit effraierait tout le monde et leur réaction serait imprévisible ; déjà qu'autour de chez eux, c'est un capharnaüm que je ne souhaiterais à personne.

Je ferme tout doucement le portillon derrière moi en emportant mes toiles cirées et je reviens vers l'endroit où mon jeune camarade essaye de dormir en claquant des dents. Cette situation me rend malade. Nous tentons de survivre comme des bêtes sauvages, nous n'avons même pas besoin d'ennemi, grâce à nos chefs nous vivons plus mal que des SDF. J'ai entendu des soldats tenir des discours désespérés et dire qu'ils ne pouvaient plus supporter ce froid, qu'ils allaient casser un carreau d'une maison pour se glisser dedans. Personne ne l'a fait.

J'étale une toile cirée sur le sol, et avec mon compagnon on s'allonge en se serrant l'un contre l'autre dans l'espoir de se réchauffer. On se recouvre de la seconde toile qui ne nous tient pas chaud mais au moins nous protège un peu du vent. Une demi-heure plus tard, on se lève à moitié somnolents, encore plus gelés qu'avant d'avoir dormi et on se met à marcher en rond. Ça ne nous réchauffe pas vraiment, mais de toute façon, impossible de dormir par ce froid.

Presque tous ceux qui n'avaient pas de sac de couchage ont « dormi » comme nous. La veille au soir, nos chefs nous avaient interdit d'allumer des feux et ordonné d'éteindre les moteurs. Même à l'intérieur des véhicules, il ne fait pas plus chaud. De toute manière, trente véhicules ne suffisent pas à abriter cent cinquante à deux cents hommes. Et laisser les moteurs éteints n'a pas beaucoup de sens, parce que toute la ville sait où nous nous trouvons et combien nous sommes. L'incendie continue devant nos positions et nous éclaire dans la nuit.

Vers quatre heures du matin, le véhicule des officiers démarre pour qu'ils puissent se réchauffer en mettant le chauffage à fond. Les véhicules avec le chauffage en état de marche suivent son exemple, plus personne n'en a rien à faire, le froid et la fatigue sont plus forts que les mesures de sécurité. Je ramasse du bois et allume un feu sous l'arbre qui se trouve à côté de la conduite. Un officier me dit que les feux sont interdits mais je n'en ai plus rien à fiche de ce commandement. C'est n'importe quoi, tout brûle autour de nous. Les hommes viennent se réchauffer auprès du feu les uns après les autres, même l'officier qui m'avait fait une remarque n'a pas craché dessus.

C'est ainsi que nous avons accueilli l'aube d'une nouvelle journée.

Je suis arrivé à Féodossia assez satisfait mais mon optimisme est vite retombé devant ce que je voyais autour de moi.

Après avoir passé le poste de contrôle et montré ma notification de contrat, le merveilleux spectacle de ma nouvelle demeure s'est étalé devant mes yeux : un petit champ de manœuvres tout crevassé et jonché de morceaux de béton. Devant, deux casernes de deux étages en ruines, une cantine délabrée et une placette pour l'entraînement au parachutisme. J'ai traversé la place d'armes pour rejoindre le service du personnel installé dans une des casernes, je suis tombé devant deux chiens abandonnés en pleine copulation (les braves cantinières les nourrissaient régulièrement et ils formaient une vraie meute). J'ai donné mes papiers au bureau du personnel, où on m'a dit que les chefs étaient absents mais que je pouvais y aller. Ma compagnie se trouvait au deuxième étage. Je suis monté, j'ai fait connaissance de quelques autres contractuels. Ils m'ont raconté que les officiers n'étaient pas là et que les contractuels n'avaient pas le droit de vivre ici – un privilège réservé aux conscrits qui constituaient la moitié de la compagnie. Il n'y avait pas de lits disponibles, et au dortoir non plus. D'ailleurs, comme on me l'a dit tout de suite, et comme j'ai pu le constater par la suite, le dortoir était plein de trous. Ils m'ont conseillé de me rendre dans la caserne voisine, où une autre compagnie était installée. J'ai expliqué mon problème au commandant des lieux qui m'a dit qu'à l'étage dormait la batterie des tireurs de mortier. Je suis allé les voir et je me suis présenté. C'étaient des gars de chez moi très sympas, un lit était libre. L'important pour l'instant, c'était de me caser quelque part, tout allait s'arranger. D'ailleurs, derrière la palissade, de nouvelles casernes étaient en construction… Un an plus tard, elles n'étaient toujours pas terminées mais bon, ça, j'en parlerai plus tard.

Les gars me posaient des questions, ils ne comprenaient pas pourquoi je m'étais enrôlé. Je leur ai expliqué pour mon manque de stabilité et mon hypothèque, et ils ont tourné leur index sur leur tempe pour me dire que j'étais fou. Bon, chacun ses problèmes, j'ai pensé.

Pendant une dizaine de jours, j'ai arpenté la caserne pour essayer d'obtenir un uniforme… Il me restait quinze mille roubles en poche, la nourriture de la cantine était mauvaise. Parfois il n'y en avait pas assez pour tout le monde, parfois les pommes de terre de la soupe n'étaient pas assez cuites, parfois il n'y avait plus de pain… En faisant mieux connaissance avec mes compagnons de malheur, j'ai compris qu'ils étaient arrivés comme contractuels eux aussi et que maintenant ils étaient livrés à eux-mêmes. Se laver était un problème, l'eau était souvent coupée, les douches étaient cassées, et les toilettes fermées à clé. Au bout de dix jours, j'ai reçu un uniforme… d'été (un uniforme « des sables » et « des forêts »). Il n'y avait pas de rangers à ma pointure alors je suis allé m'en acheter, histoire d'être enfin habillé en militaire au lieu de traîner en civil.

En me présentant en uniforme à l'appel du matin, je croyais que les choses sérieuses allaient commencer, mais j'ai été pris d'horreur : tout ça ne ressemblait à rien. Sur le terrain flottaient deux drapeaux déchirés de la Fédération de Russie et des forces armées aéroportées, la colonne chantait l'hymne mollement et la moitié des soldats ne s'en donnaient même pas la peine. J'avais servi dans la 46e OBrON en Tchétchénie, vécu dans la garnison de la 56e brigade des parachutistes d'assaut jusqu'à l'âge de quinze ans et j'allais souvent au camp d'entraînement, mais ce que j'avais sous les yeux, c'était une mascarade de militaires déguisés.

À la fin du rassemblement, mon chef de compagnie, qui s'était enfin montré, a emmené une dizaine de gars avec lui, dont les cinq nouveaux venus, vers un conteneur cadenassé qu'il fallait débarrasser. Des pièces de rechange, des vêtements qui manquaient. Il attendait un contrôle et il devait pointer tout ça. Il n'a même pas pris la peine de saluer les nouveaux. Pour finir, nous avons passé plusieurs heures à déplacer le barda d'un endroit à un autre, c'était tellement sale que ça nous dégoûtait de le toucher. Je tâchais de me persuader que ce ne serait pas toujours comme ça. Je me souvenais qu'en 2007, pendant mes classes pour le service militaire, nous avions des cours jusqu'à midi, de la théorie, de la tactique, de la culture physique. Toutes ces années de réformes avaient forcément amélioré les choses, non ?

Après plusieurs jours sur lesquels il n'y a strictement rien à raconter, notre commandant de compagnie daigna enfin faire les présentations, après le rassemblement de dix-huit heures. Ce jour-là, j'avais exprimé mon mécontentement devant son indifférence et un appelé avait dû lui rapporter que les nouveaux contractuels n'étaient pas contents de lui. Il s'est présenté de façon appuyée avant l'appel et s'est approché de chacun d'entre nous : nous devions décliner nos grade, nom, situation familiale et ville d'origine. Quand mon tour est arrivé et que j'ai dit que je venais de Kamychine, il m'a regardé de la tête aux pieds et m'a demandé : « Qu'est-ce que tu fous ici ? ». J'ai préféré ne pas me disputer avec mon supérieur et répondre par une plaisanterie. Nous avions le même âge mais il semblait beaucoup plus vieux que moi, il avait des yeux sournois et était en surpoids.

Une autre semaine s'est écoulée sans rien de particulier. Une fois, j'ai dû aller au dépôt où étaient garés nos véhicules Ouaz, la honte de notre compagnie, pour tondre l'herbe. J'ai obéi en me disant que je ferais mieux de ne pas jouer au con.

Finalement, notre instructeur nous a donné un cours de tactique de sa propre initiative, malgré les récriminations des chefs qui voulaient envoyer tout le monde faire une fois de plus des trucs qui ne servaient à rien, juste « pour qu'ils aient l'air d'être occupés ».

Le lendemain, nous devions aller au champ de tir. Nous nous sommes levés à cinq heures et avons passé trois heures en rang à attendre les KAMAZ. Nous sommes enfin partis pour arriver à midi. Et là, nous avons de nouveau attendu en rang. Le commandant du champ de tir a pinaillé sur les papiers, il en a déchiré un et l'a jeté à la figure de notre instructeur devant tous les soldats. Hors de lui, il a hurlé qu'il n'était pas question qu'on tire. Toute la formation a regardé avec mépris ce commandant hystérique en plaignant le pauvre lieutenant à qui on sapait toute initiative de bon sens et tout désir de consacrer sa vie à l'armée. Une heure plus tard, les tirs ont malgré tout pu commencer. Il était treize heures, il faisait cinquante degrés et il n'y avait pas d'eau. Il était prévu que nous resterions au champ de tir jusqu'au repas de midi, et finalement on allait rester toute la journée, et même pour des tirs de nuit. Nous sommes rentrés à la caserne à une heure du matin, déshydratés, avec une seule ration pour trois ou quatre hommes dans le ventre. Qu'on ne me dise pas que c'était pour nous aguerrir et nous rendre plus forts. Le manque de sommeil, de nourriture et d'eau n'a jamais fait de bien à personne. Ça ne fait que déglinguer la santé. La charte militaire impose pourtant de préserver celle des combattants, parce que la capacité de défense de notre pays en dépend. Ce n'est pas renforcer la résistance de l'organisme, c'est juste saboter notre propre armée.

Les contractuels recevaient le plus souvent l'ordre de faire du nettoyage et les appelés étaient assignés à des tâches inutiles comme couper l'herbe ou déplacer diverses choses. Alors ils avaient l'air encore plus sales et déguenillés que nous, d'autant plus qu'ils portaient des uniformes de seconde main et parfois déchirés… Rien à voir avec le 56e régiment des années 1993 à 2003.

Mi-septembre, je me suis trouvé une chambre d'hôtel pour douze mille roubles par mois. La saison touristique était terminée, les locations devenaient abordables jusqu'à la saison d'après. Entre mars et septembre les prix sont multipliés par trois.

Nous avons commencé notre préparation pour être autorisés à sauter, laquelle a duré trois semaines. Puis nous avons attendu de pouvoir sauter tout le mois d'octobre, encore en vain !

Le bataillon était massivement infecté par le Covid, et ordre nous a été donné de recevoir deux doses de vaccin. J'ai accepté cette obligation pour ne pas avoir à me fritter avec mes chefs. Mais j'ai eu un Covid asymptomatique, et après le premier vaccin je suis resté trois jours couché avec de la température. Alors j'ai décidé de refuser catégoriquement la deuxième dose. Au bout d'un mois, les tests étaient comme par enchantement tous négatifs, même si beaucoup ne s'étaient pas fait vacciner. Miracle !

Mi-octobre, ils ont commencé à nous distribuer des uniformes de demi-saison et d'hiver, mais ils étaient tous usés et pas aux bonnes tailles. J'ai refusé d'enfiler un uniforme mal adapté. Ça n'a pas arrangé mes relations avec mes supérieurs. Ils n'aiment pas beaucoup les rebelles. Après une dispute avec le commandant de compagnie, je suis allé m'acheter moi-même un caban. Le commandant s'est vengé en m'envoyant faire des corvées un jour sur deux.

1er mars, journée

À cinq heures du matin, plus personne ne dort. Le chef de bataillon rassemble les 4e et 5e compagnies et, presque au complet, il les fait marcher vers la ville. Les tireurs de mortier tiennent leurs positions avec pour mission de les couvrir si nécessaire. Plusieurs pelotons et chauffeurs restent avec nous.

Une heure plus tard, la 4e et la 5e reviennent et les hommes nous racontent que les Ukrainiens ont creusé des tranchées et installé des bouteilles remplies de liquide explosif de l'autre côté parce qu'ils attendaient notre attaque pendant la nuit. Si notre colonne était entrée à ce moment-là, nous n'aurions pas eu froid !

Je trouve un véhicule avec le chauffage en état de marche. Deux hommes sont à l'intérieur. En essayant de me réchauffer, je bavarde avec le chauffeur. Petit à petit, je sens la douleur se propager dans mes jambes. Je remonte mon pantalon : mes genoux et mes mollets sont enflés et couverts de bleus. C'est la conséquence de ma chute de la butte, quand j'ai voulu tirer vers moi le costaud pyromane. Merci à mon pays de m'avoir fourni des genouillères !

En frottant mes jambes, je marmonne que je ne serais pas contre une petite bière. La fatigue accumulée, la soif, la faim, le froid, le manque de sommeil, me rappellent à quel point nous sommes incapables d'apprécier les choses en temps normal. Je m'imagine buvant une bouteille de bière bien fraîche et décris la scène avec beaucoup d'imagination au chauffeur, qui m'écoute attentivement, l'air très sérieux. Et voilà que deux minutes après mon envolée lyrique, il soulève le siège arrière et en tire deux canettes de bière. Ce sont ses dernières, me dit-il, mais il a décidé de partager, nous ne savons pas ce qui nous attend. Je n'arrive pas à croire à mon bonheur. Je bois toute la bouteille sans me presser, quel pied ! Tout devient plus rose, ma fatigue se dissipe légèrement, mes muscles se détendent tout doucement. Je n'avais jamais bu de bière aussi bonne.

Les 4e et 5e compagnies reçoivent un nouvel ordre de se mettre en rang. Elles repartent en ville sans avoir eu le temps de se reposer après leur dernière sortie. Nous restons avec les tireurs de mortier et quelques pelotons. Encore une fois, je me demande ce que je fous avec ces mortiers dont la portée ne dépasse pas trois kilomètres. J'aurais mieux fait de ne pas quitter mes gars.

La ville est grise et triste, de la neige fondue vient couronner le tableau. Une fusillade commence là où sont partis nos hommes. Le rythme des coups de feu s'intensifie et les explosions des lance-grenades viennent s'y ajouter. La radio du véhicule de commandement reçoit des informations sur les combats. Plusieurs Tigre partent sur la route et tirent des rafales sur les toits des immeubles parce qu'on a su qu'il y avait des snipers. Nous avons des blessés. Tout le monde est en alerte, certains sont très nerveux.

Qu'est-ce que je fais là alors que les combats sont devant ? Je n'ai pas particulièrement envie de tuer des « nazis » mais je suis mal à l'aise de ne pas participer. L'intensité des tirs et des explosions en ville montre que c'est très chaud ! Les tirs proviennent de quartiers où les nôtres sont probablement entrés.

La radio annonce que deux Tigre de spetsnaz vont partir avec des blessés et nous prévient de ne pas leur tirer dessus. Ils filent vers l'aéroport.

Nous devons évacuer les autres blessés et les conduire là-bas. Nous préparons notre équipage. Nous avons besoin d'un volontaire pour conduire le véhicule et d'un tireur pour l'Outios installé dessus. Nous trouvons un chauffeur, je me propose pour la mitrailleuse, même si je n'ai tiré d'un Outios qu'une fois dans ma vie.

Une demi-heure plus tard, ordre de repos, les blessés ont été évacués dans d'autres véhicules. Il semblerait que nous n'ayons que deux blessés. J'ai du mal à le croire étant donné le rythme des fusillades et la durée du combat. Nous recevons plusieurs fois des coordonnées pour installer les mortiers et l'ordre de nous préparer à tirer ; un ordre de repos arrive aussitôt après.

Les patrouilleurs remarquent un mouvement dans les roseaux de la rivière asséchée, ils pensent avoir vu une femme. Nous nous précipitons à courtes foulées dans cette direction avec le commandant des mortiers, prêts à ouvrir le feu. Une femme d'une cinquantaine d'années est cachée dans les roseaux. Nous vérifions son identité en fouillant son sac et lui faisons traverser nos positions. Elle travaille dans les services d'alimentation d'eau et s'est enfuie de son bureau quand elle a entendu les coups de feu ; sa maison est derrière nous.

L'air est rempli d'odeur de poudre, la fusillade continue, les explosions aussi, des incendies çà et là, de la fumée s'élève dans le ciel. Les civils se sont presque tous cachés comme si la ville était morte. La neige fondue et le vent n'arrangent rien.

Dans l'après-midi, les coups de feu se font de plus en plus rares. Ordre est donné de préparer les véhicules à entrer dans la ville.

Vers dix-sept heures, nous sommes rangés en colonne, prêts à nous mettre en marche. Le véhicule du commandant de bataillon est à côté, vide à l'exception du chauffeur. Le camion dans lequel je suis monté avec mes compagnons est bondé et le chauffage ne marche pas. Voyant cela, le chauffeur du commandant nous invite d'un signe de la main à monter avec lui. Je saute de mon véhicule sans hésiter et monte dans le sien me réchauffer. Le chauffeur est tout content parce que quelqu'un peut le couvrir en cas de danger.

Après une cigarette, je positionne ma mitraillette à la fenêtre et contrôle tous les lieux que nous traversons. Des voitures accidentées, des magasins détruits, la ville a eu son compte, si on peut dire.

La colonne s'arrête de temps à autre. Au cours d'une de ces pauses, je vois un homme et une femme à côté d'une maison, ils sont très proches et nous regardent fixement. Je m'adresse à l'homme pour lui demander s'il a vu des troupes ukrainiennes dans le coin. Avec un sourire étrange et un signe de tête, il me répond qu'il ne me dira rien, il me tourne le dos et rentre dans sa maison.

Une demi-heure plus tard, nous sommes dans le port maritime de Kherson. La nuit est tombée et les compagnies parties devant occupent déjà le port. Elles s'y sont installées, cherchant où dormir et se laver. La zone portuaire comprend des postes de contrôle, un bâtiment administratif et un autre qui ressemble à un dortoir, avec des entrepôts, des vestiaires et des douches. Des navires sont amarrés au quai.

D'autres unités entrent progressivement dans le port : le régiment des forces parachutées et les spetsnaz de Stavropol (anciennement GRU[1]*). Je pars flâner dans les environs. Avez-vous déjà vu des tableaux représentant le sac de Rome ? Ils illustreraient mieux que tout ce qui se passe dans le port. Tout le monde a l'air épuisé et revenu à l'état sauvage. On commence à fouiller les bâtiments en cherchant de quoi boire et manger, où prendre une douche et dormir. Certains volent les ordinateurs et tout ce qui a la moindre valeur. Je ne fais pas exception, je ramasse une chapka qui traîne dans une camionnette accidentée parce que ma cagoule ne me tient plus assez chaud. Mais piller tous ces objets du quotidien, même si ces jours passés dehors m'ont rendu aussi sauvage que les autres, ça m'écœure.*

Plusieurs soldats se sont déjà installés dans une pièce avec des télés et regardent les informations. Ils ont même trouvé une bouteille de champagne au frais. Je bois quelques gorgées à la bouteille et me joins à eux devant le poste. C'est une chaîne ukrainienne et je ne parviens à comprendre

1. Direction générale des renseignements (GRU) de l'état-major des Forces armées de la Fédération de Russie.

qu'une chose : les troupes russes attaquent de tous les côtés, Odessa, Kiev, Kharkov sont occupées ; les images montrent des bâtiments détruits, des femmes et des enfants blessés. J'ai pitié de tous ces morts et blessés, mais les informations donnent un peu d'optimisme. Vivement que ces villes soient prises, qu'on en finisse.

En sortant du bâtiment, je vois le commandant du bataillon et des officiers. Je le salue comme le règlement nous l'impose et lui serre la main. Je lui demande une cigarette, il me donne une Marlboro rouge. Tout en fumant, je lui pose des questions. Il me répond en gros que tout va bien et que ce sera bientôt fini.

Sur cette note, avec en tête l'espoir que tout ça sera bientôt terminé, je vais dans les bureaux où se sont installés les tireurs de mortier pour me coucher.

Là, nous tombons sur une cantine avec une cuisine et des réfrigérateurs. Comme des sauvages, nous mangeons tout ce que nous pouvons trouver : des corn-flakes, des flocons d'avoine, de la confiture, du miel, du café…

Tout est sens dessus dessous. Mais on s'en fout. On est à bout. On vit presque tous dehors depuis un mois, sans le moindre confort, sans douche et sans nourriture digne de ce nom. Et après cela, ils nous envoient tous sur le front sans nous laisser nous reposer.

Dans ce chaos, chacun cherche une place pour dormir, les gars se disputent dans la file d'attente pour la douche. Tout cela m'écœure même si je suis partie prenante. Comment nos supérieurs peuvent-ils nous traiter si mal, nous qui sommes prêts à sacrifier notre sueur, notre sang et notre santé pour leur permettre de réaliser leurs desseins ! On transforme les gens en sauvages si on ne pense pas qu'ils doivent dormir, manger et se laver !

Même si je ne manque pas de culot, je décide de ne disputer mon tour à la douche à personne. Je crois que nous allons tenir la ville et que nous aurons encore l'occasion de nous laver. Il est presque minuit. J'enlève mon gilet pare-balles (pour la première fois depuis une semaine), je me déshabille en ne gardant que mes sous-vêtements thermiques, je mets toutes mes affaires sur une table longue de deux mètres sur laquelle je m'installe moi aussi. Un sentiment de béatitude s'empare de moi ! Tout mon corps frémit et demande du repos.

C'est un beau bureau, un bureau de chef, peut-être. Allongé sur le dos, mon fusil enveloppé dans mon uniforme sous la tête, je me souviens que j'ai moi aussi travaillé dans un bureau comme celui-ci. J'étais une autre personne, c'était une autre vie. Aujourd'hui, je suis allongé sur cette table comme un sauvage, dans un bureau que nous avons mis sens dessus dessous, et j'ai l'impression de me trouver dans un hôtel cinq étoiles si l'on ignore les coups de feu qui éclatent quelque part au loin.

Début novembre, nous avons tous été mis en congé forcé, notre président ayant décrété des jours fériés[1]. Encore en période d'essai, je n'avais pas droit au congé. J'avais donc quinze jours libres mais je ne suis pas parti parce qu'on nous promettait régulièrement des sauts en

1. Probablement à l'occasion de la fête de la Révolution russe, les 7 et 8 novembre.

parachute et que je devais les avoir faits pour valider ma formation. Ma solde était de vingt-sept mille roubles, il était impossible d'obtenir une indemnité de logement, je n'avais pas encore passé mes examens de culture physique obligatoires pour les nouveaux contractuels et si, en plus, je ne réussissais pas à faire mes quatre sauts en parachute, je serais bon pour une autre année de salaire à vingt-sept mille roubles. En Crimée, quand on n'a pas de logement, c'est la misère. Il fallait donc que je réussisse mes examens et que je fasse mes sauts.

Une semaine plus tard, ils nous ont annoncé qu'on pourrait vraiment sauter, j'ai fait une demande de sortie de congé mais rien ne s'est passé pendant plusieurs jours. Durant nos exercices de pliage des voiles, il s'est avéré que la moitié d'entre nous ne savaient pas le faire. Nous y avons travaillé depuis le matin jusqu'à vingt et une heures.

Nous sommes finalement partis à deux heures du matin pour sauter. À notre arrivée sur le terrain à quatre heures, il gelait et nous avions roulé dans des KAMAZ ouverts. Nous étions tous engourdis de froid. Nous avons sautillé sur place jusqu'à neuf heures pour essayer de nous réchauffer. Les hélicoptères sont arrivés et les sauts ont enfin pu commencer. Nous avons sauté à onze heures. Ils ont lâché mon groupe par erreur au-dessus d'un cimetière. Heureusement que le temps était clair, nous nous en sommes tous sortis sans atterrir sur une croix ou une tombe.

Nous sommes rentrés à la base. Pendant les exercices, j'avais cassé la fermeture de mon caban et je me suis disputé avec le chef de compagnie qui exigeait que je le ferme alors que c'était impossible. Mes relations avec lui étaient devenues tendues depuis que j'avais refusé de prendre un uniforme usagé.

Le lendemain était un samedi. Je me suis réveillé avec de la fièvre et j'ai compris que j'avais pris froid. Je suis allé acheter deux uniformes réglementaires, un de demi-saison et un autre pour l'hiver, parce que je n'avais pas l'intention de me promener comme un épouvantail dans un uniforme usé et qui n'était pas à ma taille.

Le dimanche, j'avais toujours de la fièvre.

Le lundi, j'ai pris mon service et je me suis encore disputé avec le chef de compagnie qui ne voulait pas me laisser aller à l'hôpital. J'ai fini par y aller et, après une fluorographie, on m'a diagnostiqué une pneumonie bilatérale. J'ai été « soigné » à l'hôpital.

En sortant, j'ai appris que les examens de culture physique avaient eu lieu pendant ma maladie et qu'ils m'avaient mis une sale note. Le commandant de compagnie ne m'avait pas inscrit sur la liste des malades et n'avait pas signalé mon hospitalisation. Cette mauvaise note me privait d'une augmentation de salaire pour l'année suivante. Je me suis présenté au quartier général de l'unité pour essayer d'obtenir justice mais j'ai vite compris que c'était inutile. J'en avais ras le bol de tout ce bordel et j'ai décidé d'écrire une plainte au ministère de la Défense.

J'avais mis mes derniers espoirs dans cette lettre qui exprimait tout le mécontentement que j'avais accumulé au cours de ces derniers mois. Mes compagnons d'armes me disaient, eux, que cela ne servirait qu'à me causer des problèmes. Le ministère a répondu à ma plainte en me souhaitant une bonne santé en tant que parachutiste et en me recommandant de veiller à ma discipline personnelle. Après cette réponse, j'avais définitivement perdu toute envie de servir dans ce royaume de fous.

Au départ, j'avais espoir que le 1er décembre, après la recomposition de ma 56e brigade, les choses rentreraient dans l'ordre. Mais hélas, rien n'a vraiment changé, à part de piteuses tentatives de serrer la vis. La légendaire 56e brigade n'existait plus pour moi. Les soldats qui l'avaient formée avaient presque tous démissionné.

Le 1er décembre, nous avons officiellement intégré le régiment des chasseurs parachutistes, composé de deux bataillons réunis à la va-comme-je-te-pousse. L'adjoint au commandant des forces armées parachutées, accompagné d'une suite impressionnante de hauts gradés, était venu assister à la formation du régiment. À cause de cette cérémonie, nous sommes restés en rang de huit à quinze heures. Nous avons bêtement, comme d'habitude, bousillé une journée entière au lieu d'apprendre quelque chose d'utile. En réalité, le général ne s'était même pas donné la peine de venir nous voir et nous sommes restés en rang comme des imbéciles. Ils ont vérifié le matériel, les véhicules, les KAMAZ, les BMD-2 et les NONA[1]. Tout ce matériel était complètement dépassé, beaucoup d'engins étaient irréparables, mais j'étais sûr que les rapports ne manqueraient pas de raconter que tout allait bien. À deux mois de l'« opération spéciale » ! Dans le rang avec les autres, je m'attendais à ce que le général s'approche de chacun d'entre nous, nous pose des questions, nous

1. Char dont le canon a été remplacé par un mortier.

demande si nous avions des doléances, des propositions, et je pensais en profiter pour lui parler des problèmes. Mais non, il ne s'est approché d'aucun contractuel, il est même passé devant les appelés vêtus de leurs uniformes usés et mal ajustés dans la plus grande indifférence. Dans la garnison de la 56e de mon enfance les appelés avaient une autre allure, et voilà où on en était après vingt ans de réformes !

Samedi 4 décembre, nous avions un exercice de pliage de parachutes. Comme moi, beaucoup n'avaient aucun programme de saut. J'espérais encore que je finirais mon parcours et que mon salaire augmenterait un petit peu. Du matin jusqu'à midi, nous n'avons plié qu'une voile chacun ! Ridicule.

Avant le repas, alors que nous pliions les voiles de réserve avec mon camarade, mon chef de compagnie est venu me trouver et, tendu, m'a dit : « Sergent Filatiev ! Uniforme n° 5, nous sommes convoqués par le commandant du régiment. » J'ai tout de suite compris que c'était au sujet de ma plainte. Pendant que nous marchions vers les bureaux, il a essayé de me faire la leçon : « De quoi tu te plains ? » et « Porter une petite croix autour du cou, ce n'est pas réglementaire. » Il n'a rien trouvé de plus sérieux à me reprocher. Je lui ai répondu que je ne laisserais pas passer l'incident concernant mon hospitalisation et que tout le monde le savait. J'avais commencé à demander justice, eh bien j'irais jusqu'au bout. Cet homme était l'incarnation des problèmes de notre armée : un commandant qui ne se souciait pas de ses hommes, gros et essoufflé, accusé d'un vol que le tribunal n'avait pu prouver ; sa carrière dans la 56e à Kamychine avait échoué et il s'était retrouvé à Féodossia. Le destin avait voulu que la 56e ait été transférée à cet endroit deux ans plus tard et, sans aucun scrupule, il se vantait en permanence de les avoir fait venir.

Nous sommes arrivés dans le bureau du commandant qui a commencé par me faire des reproches. Je lui ai alors fait part de mes doléances et ai fait remarquer qu'elles s'adressaient à la précédente direction. Il s'en est alors pris au chef de compagnie, je préfère ne pas donner de détails… Il m'a ensuite laissé partir.

Après ça, j'ai commencé à recevoir des coups de fil. L'adjoint du commandant de division responsable du personnel me téléphonait et me demandait, mécontent, de donner des explications écrites au sujet de ma plainte au ministère de la Défense. En bref, on essayait de me faire comprendre par tous les moyens que j'étais maintenant en disgrâce. Avant mon courrier, je n'avais jamais eu d'avertissement mais ensuite j'en ai reçu trois d'un coup.

Certains officiers, en tête-à-tête, me soutenaient totalement. Ils disaient que tout cela était vrai, bien sûr, mais que ça ne servait à rien de se plaindre. J'ai su ensuite que mes supérieurs avaient préparé des papiers pour me faire accuser de calomnie mais, que je sache, le commandant de division n'a pas donné suite.

Comme je l'ai déjà dit, j'avais perdu toute envie de rester à l'armée. Après le 15 janvier, j'ai décidé de donner ma démission. Je suis passé devant une commission médicale militaire, j'ai fait tous les examens à l'hôpital. Mes supérieurs ne me traitaient plus très bien mais je n'en avais plus rien à faire et j'ai commencé à en rajouter. À l'armée, on apprécie les béni-oui-oui qui savent passer inaperçus, incapables de faire respecter leurs droits, mais si tu n'es pas satisfait parce que tes droits ne sont pas respectés, alors tes supérieurs font tout ce qu'ils peuvent pour te pourrir la vie. Le plus étonnant, c'est que tous mes compagnons d'armes me disaient que j'avais eu raison d'écrire au ministère. Pour la plupart, ils avaient envie d'ordre et souhaitaient du changement, une préparation militaire digne de ce nom. Mais devant des exemples comme le mien, mes tentatives qui ne se soldaient que par des problèmes avec les supérieurs, ils trouvaient que c'était trop cher payé.

Il est encore plus difficile de quitter l'armée que de l'intégrer.

2 mars

On me réveille à cinq heures du matin. Avec mon camarade, nous devons prendre notre faction à la grille du poste de contrôle. Tout le monde se lève assez vite. Le régiment des forces parachutées de Stavropol veut rentrer, mais je refuse de laisser passer leur commandant parce qu'il ne connaît pas le mot de passe. Quel bazar, ils n'ont pas coordonné les mots de passe. Finalement, je laisse tomber et je les fais entrer, ils doivent simplement monter dans les blindés devant les grilles.

À l'aube, mes collègues de Stavropol sont partis vers l'inconnu. Les autres unités se préparent aussi et montent dans leurs véhicules. Et moi qui pensais que nous devions tenir la ville. Tous mes espoirs de rester sur place et d'avoir encore une chance de prendre une douche sont tombés à l'eau. Je quitte mon poste pour avoir au moins le temps de me laver et de me brosser les dents. Passant devant les bureaux, je vois le chaos que nous avons laissé. Par curiosité, je sors de l'autre côté du bâtiment et je rencontre des gars qui sont en train de démolir un distributeur de café pour y trouver des hryvnias[1] *dont je me demande bien ce qu'ils pourront faire.*

Les compagnies partent en ville vers onze heures, il paraît que c'est pour contrôler les pourparlers avec l'administration de la ville. Les mortiers et les spetsnaz de Stavropol restent au port pour surveiller et nous venir en aide si besoin. Il y a encore des résistants et des tirs de snipers dans la ville.

Nous occupons des postes d'observation aux fenêtres, les mortiers sont prêts à tirer. Je suis dans le bureau du directeur. C'est une pièce spacieuse avec des meubles en cuir, un bureau immense, un coffre-fort déjà ouvert, une belle bibliothèque dont la majorité des livres sont en russe.

Un petit gars me rejoint, il a déniché une bouteille de cognac et une tablette de chocolat. Il me propose de boire un coup et j'accepte. C'est un spetsnaz de Stavropol. Nous buvons quelques gorgées et bavardons. Il est loin d'être bête et ça me fait bien plaisir, il est écœuré lui aussi par tout ce foutoir. Il me dit que cette merde, c'est pour longtemps, il sait que les forces ukrainiennes sont rassemblées à côté de Donetsk et ne croit pas que notre armée puisse briser leur défense si rapidement.

Il s'étonne de me voir en uniforme demi-saison vert. Je lui raconte que j'ai dû l'acheter sur mes deniers personnels parce que j'en voulais un neuf et à ma taille. Alors il m'offre une tenue complète avec un masque de combat et des baskets en me disant qu'il en a d'autres et que les Ukrainiens sont mieux équipés que nous. Ce sont ses propres

1. Monnaie ukrainienne.

affaires, elles ne sont pas neuves mais elles sont propres. J'ai du mal à exprimer combien ma rencontre avec ce garçon me fait du bien à ce moment-là. La capacité à s'entraider et à s'unir pendant la guerre me stupéfie chez nos simples soldats. Nous devenons des « frangins » mais nous l'oublions aussitôt en temps de paix. Cet élan de fraternité n'a d'égal que le je-m'en-foutisme de nos supérieurs à notre égard.

Plusieurs véhicules arrivent dans l'après-midi et, serrés comme des sardines avec les mortiers, nous partons vers le centre où se trouve déjà le gros des forces. Nous encerclons le centre-ville et restons là jusqu'au soir. Il y a un autre détachement de spetsnaz, les Rossitch, probablement, mais je n'ai pas l'occasion de discuter avec eux. Nos mortiers ne servent à rien, nous nous contentons de tenir le centre de la ville avec les autres. Les pourparlers avec la mairie vont bon train.

La nuit tombe, nous repartons à l'aéroport de Kherson, nos fusils prêts à tirer par crainte d'être attaqués. Sur la route, quelques maraudeurs civils pillent leurs propres magasins. Nos OMON, renforcés par des blindés, finissent de contrôler les rares véhicules civils.

Revenus à l'aéroport dans l'obscurité, nous occupons les tranchées creusées plus tôt. C'est là qu'on nous dit que l'artillerie a attaqué l'aéroport pendant notre absence et que nous avons des victimes.

Même si presque tout le pays sait que l'armée russe est une vraie maison de fous, on trouve toujours des gens comme moi pour s'y engager en pensant que ce n'est peut-être pas si mal, que les choses se sont arrangées.

Malheureusement, il y en a aussi qui sont tout à fait satisfaits de la façon dont les choses s'y passent, qui consacrent toute leur vie à faire carrière, qui ont obtenu le grade de commandant ou mieux et qui, à l'approche de la retraite, ne veulent pas tout perdre. C'est sur eux que tient ce système pourri. Ce sont eux qui ont cru qu'avec le bordel qui règne au ministère de la Défense nous pourrions envahir l'Ukraine en trois jours…

Qui sera rendu responsable de cette situation catastrophique ? Et si les forces armées parachutées, l'élite, la réserve de l'état-major supérieur est dans cet état, on a peur d'imaginer celui des autres sections.

Mi-février, ma compagnie, au même titre que d'autres sections, s'est retrouvée au camp de Staryï Krym. Je regardais les infos et je voyais bien que quelque chose se tramait. On envoyait au camp tous ceux qui démissionnaient ou étaient malades. Je ne voulais plus avoir rien à faire avec cette armée où tu n'es rien, où tes droits inscrits dans la loi restent sur le papier, où tu touches moins qu'un manutentionnaire. Je comprenais que notre armée n'était pas prête au combat et c'était pourquoi j'avais fait ce courrier au ministère qui, pour toute réponse, m'avait simplement ignoré. Quel était donc le but de ce ministère ? Se détruire lui-même ?

D'un côté, donc, je voulais démissionner le plus vite possible. De l'autre, je pensais que maintenant, alors que quelque chose se préparait, il aurait été honteux et lâche de ne pas y participer. Les rumeurs allaient bon train : l'Ukraine soutenue par l'OTAN se préparait à attaquer la Crimée et nous devions nous concentrer aux frontières pour l'en empêcher ; l'Ukraine avait l'intention d'attaquer la RPD et la RPL. J'aurais eu honte de refuser mon transfert au camp par peur d'un conflit possible.

Je ne sais pas si ce qui m'animait était du patriotisme ou la volonté de ne pas faire marche arrière. Il aurait fallu attendre longtemps pour que ma démission soit acceptée, surtout dans ces circonstances. À ce moment-là, je ne croyais pas que l'Ukraine ou l'OTAN se préparaient vraiment à nous attaquer, mais si cela arrivait malgré tout, ma démission serait interprétée comme de la lâcheté.

On allait très probablement nous transférer en RPD et RPL, on s'établirait sur ces territoires pour organiser des référendums sous le drapeau russe et on rattacherait ce malheureux Donbass à la Russie. Je savais bien que les combats n'étaient pas exclus, mais ce serait seulement pour la défense des frontières entre l'Ukraine et le Donbass ou à la frontière de la Crimée. En toute logique, l'opération serait présentée comme une mission de paix.

Ces pensées en tête, je suis allé voir l'adjoint du commandant de bataillon chargé des transferts au camp et je lui ai dit que je voulais partir aussi parce que quelque chose se tramait. Il a ouvert les yeux tout grand et m'a regardé comme si j'étais fou, il m'a demandé plusieurs fois ce que j'en savais mais il a fini par accepter ma demande en ignorant que j'étais dans la catégorie G, ce qui signifie « temporairement inapte au service ».

Je suis arrivé au camp vers le 15 février et j'ai continué à être ahuri par la façon dont tout était organisé. Notre compagnie vivait sous tente, une quarantaine de personnes (les conscrits restaient dans la garnison). Dans la tente, il y avait des paillasses et un poêle. Bref, même en Tchétchénie où on dormait uniquement dans des tentes et des abris, nos conditions de vie étaient meilleures.

Dans mes souvenirs de service militaire, en cette lointaine année 2007, la nourriture était toujours bonne au camp, mais ici, c'était encore pire qu'à la garnison. Il n'y avait nulle part où se laver. Dans notre compagnie, il était d'usage de ne devoir notre équipement de combat, notre paquetage et notre sac de couchage qu'au bon vouloir du chef de compagnie, par exemple avant une inspection ou un transfert. J'avais entendu dire depuis longtemps qu'il y avait pénurie d'équipements et que le commandant de la compagnie avait déjà été jugé pour cela. Et, évidemment, ceux qui arrivaient les derniers, comme moi, n'avaient ni sac de couchage, ni combinaison, ni gilet de sauvetage, ni casque. Du coup, on s'en servait à tour de rôle. Arrivé dans la tente où mes collègues ressemblaient à des sauvages après deux semaines passées dans ces conditions idylliques, j'ai compris que je n'aurais ni sac de couchage ni endroit pour dormir et j'ai pris la place du commandant de la compagnie. Mes compagnons m'ont raconté qu'ils lui avaient signifié ouvertement leur mécontentement et qu'en conséquence celui-ci ne dormait presque plus jamais dans la tente. D'autres sections arrivées en Crimée pour être « formées » m'ont raconté que leurs conditions étaient encore plus dures. Par exemple, rien pour allumer les poêles en plein mois de février, rien pour se laver, alors ils allaient se baigner dans la mer en plein hiver. Résultat, dès ce mois de février, les hôpitaux étaient pleins de malades, à tel point qu'ils ont officiellement interdit de se faire soigner à l'hôpital. Je n'ai vu mon commandant de compagnie que le soir, il n'a pas eu l'air content de me voir, en plus des autres qui se plaignaient déjà. Je lui ai demandé où étaient mon équipement de combat et mon sac de couchage. Il m'a répondu qu'il n'y en avait pas et que c'était mon problème de trouver un endroit où dormir et un équipement.

Les quelques jours qui ont suivi, nous sommes allés sur le champ de tir gâcher bêtement nos réserves de munitions. J'ai enfin pu récupérer mon fusil, celui qui m'avait été attribué en tremblant par le commandant de la compagnie le 1er décembre sur le champ de manœuvres pendant l'inspection du général. Avant cela, pendant quatre mois, je n'avais pas eu de fusil à moi ! Bref, même pendant mon service entre 2000 et 2007, je n'aurais jamais pu imaginer une chose pareille. Eh bien, mon fusil était rouillé et la sangle cassée. Dès les premiers tirs de nuit, il s'est bloqué, et il a donc fallu par la suite que je le nettoie longuement pour le remettre en état.

Le village de tentes était surveillé par une patrouille toutes les nuits. Un camarade et moi avons pris notre garde de nuit à une heure du matin. Le responsable de l'unité nous avait donné une radio en nous demandant d'arrêter tout le monde et de le tenir informé de ceux qui arrivaient. Nous avons commencé à patrouiller là où on nous l'avait indiqué, à l'entrée du camp. Au bout d'environ une demi-heure, nous avons aperçu au loin une voiture qui se dirigeait vers nous. Nous nous sommes mis au milieu de la route avec l'intention de l'arrêter et d'en informer le responsable, comme convenu. La voiture approchait, nous aveuglant de ses phares, mais nous sommes restés au milieu de la route, les bras écartés. Comme elle ne faisait pas mine de ralentir, nous avons finalement dû nous ranger sur le côté. J'avais la radio à la main et en m'écartant, tout en m'étonnant de l'insolence de ce chauffeur inconnu, j'ai éclairé la caisse de la voiture : c'était le véhicule du commandement. Il s'est arrêté vingt mètres plus loin et un rugissement de fou mâtiné d'injures en est sorti : nous étions des tarés et des enculés, et quel connard avait donné l'ordre d'arrêter les voitures ! J'en ai encore pris plein la figure et le commandant du régiment m'a reproché ma chapka non réglementaire. Puis il a continué sa route. Après ça, comment avoir envie d'obéir aux ordres de nos supérieurs ?

3 mars

Le lendemain matin, une rumeur circule dans nos rangs : nous allons prendre Nikolaev d'assaut et continuer sur Odessa. Je ne peux pas y croire, nos supérieurs ne comprennent donc pas que nous sommes à bout de forces ?

Nous recevons bientôt l'ordre de partir. La colonne de notre régiment, composée de voitures, de camions et de BMD, s'ébranle en direction de Nikolaev. Nous avons déjà beaucoup moins de matériel qu'avant. Nous roulons d'abord sur une grande route, puis traversons des champs. En fait, c'est l'aéroport de Nikolaev que nous allons prendre d'assaut.

L'après-midi, la colonne est visée par des tirs d'artillerie. On s'arrête et on saute des véhicules, on prépare les mortiers au combat. Il faut courir à travers un fossé, on est trempés jusqu'aux genoux. Je ne sais pas qui a donné les coordonnées. On tire plusieurs séries d'obus. Quand plusieurs véhicules partent en direction des tirs on cesse le feu.

À côté de nous, en tête de colonne, l'artillerie fait exploser des grenades. L'ambulance part dans cette direction et revient en arrière, suivie d'un véhicule accidenté.

On continue d'être sous le feu de l'artillerie, mais il n'y a pas plus de trois engins. La colonne ne bouge pas et on ne reçoit plus de coordonnées. Une demi-heure plus tard, on redémarre. Des maisons et des engins ukrainiens abandonnés bordent la route. L'armée ukrainienne vient juste de quitter ces positions qu'elle tenait assez bien.

Nous recevons l'ordre de préparer des tranchées aux alentours de cette agglomération. Pendant que nous installons les armements avec l'aide du peloton des missiles antichars, les combats continuent tout près, à l'avant de la colonne, et presque tout le monde part par là-bas. Autour de nous se trouvent les positions et le matériel abandonnés par l'armée ukrainienne, des cartons à Javelins et une BMP.

Des tirs et des explosions déchirent le ciel mais on ne sait pas qui tire et d'où ça vient. Des roquettes de type Kinjal traversent l'horizon, on entend l'aviation et plusieurs Javelins passent au-dessus de nos têtes en direction de l'arrière.

Quand la nuit commence à tomber, nos véhicules repassent devant nous en sens inverse. Je les arrête pour leur demander ce qu'il s'est passé mais les réponses sont confuses. Je réussis seulement à comprendre que devant nous les positions ukrainiennes sont bien tenues et que nos gars se sont fait mitrailler. J'ai l'impression que leur retraite est chaotique… qui dirige donc ce foutoir ?

Nous recevons nous aussi l'ordre de remonter dans les véhicules. On recule d'environ cinq cents mètres, on s'arrête et on reçoit l'ordre de s'allonger en silence et de rester là pour la nuit. Exténués, nous passons la nuit par terre dans les fourrés. Il fait très froid. Des soldats patrouillent mais qui fait quoi, ce n'est pas bien clair. Le bruit court que le commandant du bataillon a été tué.

Vers le 20 février, nous avons reçu l'ordre de nous préparer et d'avancer sans nous charger. Marche en rangs serrés sans savoir où nous allons. La majorité d'entre nous espéraient que cette marche marquait la fin de notre entraînement, mais certains plaisantaient en disant que nous attaquions l'Ukraine et que nous allions prendre Kiev en trois jours. Je n'avais déjà plus envie de rire et je songeais que nous ne prendrions rien en trois jours. Je supposais toujours qu'ils allaient nous envoyer vers le Donbass…

Nous avons mis toute la journée à nous préparer. Nous avons presque tous laissé nos téléphones au camp et avons chargé nos armes. Vers dix-sept heures, notre régiment était prêt. Il était composé de mon bataillon d'assaut dans des camions, de la batterie de mortiers de 82 mm, du bataillon de paras dans des BMD-2, d'une compagnie de reconnaissance en nombre réduit, d'une division d'artillerie avec des mortiers de 120 mm, d'obusiers D-30 et de quelques autres pelotons. Cinq à six cents hommes, à mon avis. Et une fois de plus, chacun devait se débrouiller pour se procurer de l'eau et de la nourriture comme il pouvait, ça n'inquiétait pas beaucoup notre commandement.

Il y avait beaucoup d'armes : des NSV[1] Outios, des AGS, des RPG-7, des missiles antichars Fagot, des mitrailleuses Petcheneg et des fusils d'assaut AK-74M[2] avec des kits de support et des lance-grenades amovibles. Le problème, c'était que personne ne savait tirer des missiles antichars.

Vers vingt heures, il faisait déjà nuit quand la colonne a démarré sur la route. Des colonnes qui arrivaient d'autres directions se sont jointes à nous. Des voitures de la sécurité routière nous accompagnaient, avertisseurs allumés. Ces énormes colonnes se sont mises en marche. Les chauffeurs suivaient la voiture qui était devant eux sans savoir vers où ils se dirigeaient

Finalement, nous sommes arrivés dans des champs à côté de Tchervony Perekop vers trois heures du matin. Dans la majorité des véhicules, le chauffage ne marchait pas.

Le lendemain matin, on a reçu des rations. On était déjà tous sales et épuisés, certains d'entre nous avaient vécu presque un mois au camp dans des conditions exécrables. Tout le monde était à bout de nerfs à cause de ça, d'autant que la situation devenait de plus en plus critique et confuse.

La majorité d'entre nous n'avaient pas de réseau et tout le monde se nourrissait des rumeurs qui disaient que ça commençait à chauffer. Je suppose qu'au niveau des commandants de régiment, ils savaient déjà ce qui allait se passer.

Deux jours plus tard, notre colonne est arrivée de

1. Mitrailleuses de gros calibre.
2. Kalachnikovs.

nuit à côté d'Armiansk, plus près de la frontière ukrainienne. On dormait dans les véhicules et on faisait des patrouilles sérieuses pendant la nuit.

La nuit du 22 au 23 février, le commandement nous a fait savoir que des groupes ennemis avaient franchi la frontière et se dirigeaient vers nous pour faire diversion. Les nuits étaient déjà très tendues mais le plus drôle, c'est qu'on n'avait pas encore reçu de munitions et que certains, comme moi, n'avaient toujours pas leur équipement de combat. Un de mes camarades, qui prenait ça très au sérieux, proposa que l'on se mette les brassards « ami-ennemi » et, en rigolant, proposa un mot de passe pour la nuit : « Kherson est à nous » (quelle phrase prophétique !). Dans l'obscurité, les compagnies restaient à distance les unes des autres. Cette nuit-là, il a plu et il y a eu du brouillard, personne ne comprenait rien à rien, tout le monde essayait de deviner.

4 mars

À l'aube, tous aux véhicules ! On fait demi-tour sans savoir vers où. À environ trois kilomètres, nous occupons nos positions à la lisière de la forêt, les hélicos sont passés devant nous. Profitant d'une pause, certains essaient de manger, d'autres de dormir. Je vois l'aide médical de la compagnie et je lui demande : « Qu'est-ce qu'il se passe avec notre compagnie, frangin ? » « Untel a été tué, untel, untel et untel sont blessés », me répond-il.

L'artillerie nous tire encore dessus. On se cache dans la forêt sous un grand arbre. Un soldat s'adresse à un officier qui a battu en retraite sous le même arbre : « Camarade commandant, qu'est-ce qu'on doit faire ? » « Je n'en sais rien, putain, je ne suis pas le commandant du bataillon, je suis un adjoint ! » C'est clair, personne ne s'attendait à une autre réponse !

Nous remontons dans les voitures et faisons marche arrière en désordre. En chemin, je vois les NONA du bataillon de parachutistes qui prennent position et dirigent leurs tirs vers

Nikolaev. Ma compagnie saute dans ses véhicules. On dirait que tous font marche arrière dans le chaos le plus total mais comme s'ils en avaient reçu l'ordre. Les tirs se sont calmés. Les hélicos reviennent de Nikolaev. Cinq autres ont été abattus.

Nous faisons demi-tour. C'est à n'y rien comprendre.

Je ne sais pas pourquoi mais, sur le chemin du retour, je me suis dit que la paix avait peut-être été signée. Le commandant de division nous avait dit plus tôt qu'on fêterait le 8-Mars chez nous et deux jours plus tôt, j'avais vu à la télévision dans le port de Kherson que Kiev et Kharkov étaient bombardées. Notre armée avait, paraît-il, encerclé les deux villes et Odessa avait été prise par l'infanterie de marine.

En proie au délire, à l'épuisement, ou parce que je voulais garder espoir, j'ai pensé que la guerre était peut-être finie. Là-haut, ils doivent bien comprendre que personne ne peut être efficace onze jours d'affilée sans repos.

Depuis notre départ, de nouvelles troupes sont arrivées à l'aéroport de Kherson : l'artillerie MSTA et des Bouratino[1]*, la défense antiaérienne et l'infanterie ; c'est déjà moins triste.*

L'infanterie est drôlement vêtue de vieux casques et d'anciennes tenues de camouflage. J'apprendrai plus tard qu'ils ont été mobilisés en RPD… On les regarde de haut en comprenant qu'ils ne seront pas d'une grande utilité. La majorité ont plus de quarante-cinq ans et ils ont été mobilisés de force. Le bruit a aussi couru que l'infanterie des tireurs motorisés refusait en masse de partir. C'est peut-être pour ça que nous n'avons pas droit au repos – nous sommes pris de colère contre ceux qui refusent de se battre.

1. Lance-roquettes multiples, armes thermobariques aux effets dévastateurs.

Dégoûtés, on allume des feux pour réchauffer nos rations. Après avoir mangé et discuté des rumeurs ; on s'effondre dans nos tranchées pour dormir. Puisque de nouvelles troupes sont là, va-t-on pouvoir se détendre un peu ?

Le 23 février[1], le commandant de division est arrivé. Devant les troupes en rang, il nous a souhaité une bonne fête et nous a annoncé qu'à compter du lendemain notre salaire journalier serait de soixante-neuf dollars. Au cours du moment, cela représentait environ sept mille roubles (même si là aussi on s'est fait entuber, au bout du compte, on n'a reçu que trois mille cinq cents roubles par jour).

Dès le jour où nous avons compris que nous n'étions plus en entraînement, que cela n'avait rien à voir avec l'opération « Les gens polis[2] » en Crimée, que c'était une vraie guerre et que nous allions traverser la frontière de l'Ukraine sous les rafales de lance-roquettes multiples, d'hélicoptères et d'avions de combat, nous nous sommes dit qu'aucun salaire ne pourrait justifier ce sale boulot. Mais l'argent n'est pas tout : nous sommes les défenseurs de la patrie, des parachutistes, la fierté de notre nation. Si on te dit : « En avant ! » à la guerre, ça veut dire que c'est sérieux. Peut-être que l'armée ukrainienne est en train d'envahir Rostov ou que les Américains ont débarqué au Kamtchatka ! Sans

1. Le 23 février est la fête des Défenseurs de la patrie.
2. Euphémisme qui désigne l'opération militaire pour l'annexion de la Crimée. Cette expression est de Vladimir Poutine.

rire, je parle sérieusement, au début j'envisageais l'idée que quelque chose de ce genre soit arrivé puisque nous nous préparions à franchir la frontière ukrainienne et que nous avions reçu l'ordre de prendre Kherson ; je ne voyais pas d'autre explication.

Après le rassemblement, tout le monde s'agitait pour recevoir les munitions, les grenades et le Promédol ; le bruit a couru que nous allions vraiment prendre Kherson d'assaut. Je pensais que c'était du délire. Personne ne savait ce qu'il se passerait le lendemain. Certains disaient qu'on allait protéger la frontière de l'Ukraine, d'autres qu'on allait marcher sur Kiev et la prendre en trois jours. Je leur rétorquais qu'on n'allait rien prendre du tout en trois jours, que c'était nous qui allions l'avoir dans le cul. Je pensais que personne ne donnerait un ordre de ce genre et que mes compagnons d'armes disent des choses pareilles avec tant de légèreté ne me plaisait pas beaucoup. J'avais l'impression que c'étaient les Ukrainiens qui allaient nous attaquer et que toute cette agitation servait seulement à montrer que nous étions prêts. Ou alors ils se préparaient à nous larguer depuis des hélicos sur le territoire de la RPD et de la RPL ? Ou bien encore on nous laisserait à la frontière en renfort pendant que nos troupes entreraient dans ces républiques par l'est pour le référendum ?

Ce jour-là, j'ai eu une altercation avec le chef de peloton et le commandant de compagnie, la situation devenait très tendue et je n'avais toujours pas de gilet pare-balles. Je suis allé trouver le commandant du bataillon (paix à son âme). Ce colonel avait toutes les qualités requises pour être commandant : il savait gueuler comme un père et comprendre comme une mère.

Je l'ai trouvé à côté de la batterie des mortiers, il m'a serré la main de façon quasiment paternelle, m'a félicité d'être finalement parti, m'a écouté lui raconter que je n'avais pas mon équipement de combat et confié qu'il avait déjà pris des dispositions pour que le régiment en apporte à ceux qui n'en avaient pas. Il connaissait depuis longtemps mes conflits avec le chef de compagnie et a proposé de me muter provisoirement à la batterie des mortiers où ils avaient toujours besoin de monde. J'avais rencontré leur commandant à plusieurs reprises en salle de sport et il m'avait semblé pas mal comme officier. J'ai donc accepté, j'en avais vraiment assez des conflits et je m'étais fait à l'idée que je ne pourrais rien changer. Je voulais que toute cette histoire se termine au plus tôt pour pouvoir donner ma démission. À la tombée de la nuit, j'ai reçu un gilet pare-balles, un casque et un sac à dos et je suis allé rejoindre le KAMAZ des tireurs de mortier. Je me suis adressé à leur chef qui était déjà au courant de ma mutation. Je lui ai expliqué que je n'y connaissais rien aux mortiers mais que je ferais tout ce qu'il me dirait. Il m'a dit que je serais avec le peloton de direction et m'a indiqué leur KAMAZ.

Il faut dire que ce jour-là, tout a changé. Les gens n'étaient plus les mêmes. Certains étaient nerveux et essayaient de ne parler à personne, d'autres avaient la peur écrite sur le visage et d'autres encore, à l'inverse, étaient joyeux et surexcités. Quant à moi, j'avais un sentiment étrange de résignation mêlé à une légère impatience, c'était l'adrénaline.

La colonne s'est mise en marche en se réorganisant. Les mortiers de 82 mm composés de cinq pièces occupaient trois KAMAZ et trois Oural. Un KAMAZ pour la direction, les mortiers, les mines et environ cinq servants de la pièce dans les cinq autres véhicules.

Les gars m'ont expliqué en chemin que le peloton de tête avait une fonction de reconnaissance et de correction du tir des pièces d'armement. Si les hostilités commençaient, nous devions de toute façon rester à trois kilomètres à l'arrière pour couvrir les compagnies d'assaut. Ça la fichait mal, ma compagnie serait devant et moi, je me cacherais derrière elle, tout ça à cause de mes disputes. J'ai aussitôt chassé ces pensées, qu'est-ce que ça pouvait faire ? Il ne se passerait rien, de quelle guerre pouvait-on parler au XXIe siècle ?

Les derniers temps, tout le monde dormait cinq heures par nuit, on vivait pratiquement dehors, alors je me suis endormi avec les autres dans la caisse du KAMAZ.

5 mars

Ce matin, le bruit court que nous retournons vers Nikolaev… Cette nuit, il y a eu des tirs d'artillerie dans la ville.

Nous formons la colonne et faisons demi-tour. Roulant à travers champs dans la banlieue de la ville et essuyant des tirs d'artillerie, nous changeons de positions jusqu'à la nuit.

6 mars

La matinée commence encore par des tirs d'artillerie, on remonte dans les véhicules, on s'arrête dans différents endroits et on change encore de positions sous les tirs d'artillerie, y compris des Grad avec leurs munitions à cassettes. Disons que l'artillerie ukrainienne n'était alors pas d'une grande précision. Le soir, trouvant des positions non loin de la frontière entre les régions de Kherson et de Nikolaev, on se disperse sur un immense territoire d'environ vingt kilomètres malgré notre petit nombre.

7 mars

Mon groupe de mortiers est envoyé sur des positions à côté de mon ancienne compagnie. Arrivés sur place, on y passe la nuit et je retrouve mes compagnons. Un des sergents me dit que son peloton manque d'hommes, quatre ont été tués à côté de Nikolaev. Sans hésiter, je lui dis que je rejoins son peloton – jusqu'à présent, les mortiers sont restés plutôt planqués sur le côté.

Un peu plus tard, cette section des mortiers va elle aussi essuyer des pertes, plus de la moitié des hommes seront blessés.

Ensuite, nous vivons comme des marmottes pendant presque un mois. Réfugiés dans nos tranchées sous le feu de l'artillerie ukrainienne, on riposte. Notre aviation a quasiment disparu. On se contente de tenir nos positions dans les tranchées en première ligne, impossible de se laver, de manger ou de dormir normalement. Tous les hommes ont laissé pousser leur barbe, on est couverts de boue, nos uniformes et nos rangers sont abîmés.

On ne voit pas les grands chefs. Des bruits courent :

beaucoup d'hommes refusent de partir à la guerre, on nous paiera cinq millions quand nous rentrerons, la victoire est proche, nos pertes sont énormes, l'OTAN envoie ses soldats, le dollar est passé à cent cinquante roubles, le prix du sucre a triplé.

On n'a rien à bouffer à part nos rations de combat et on doit parfois faire durer une ration deux jours. Et puis on nous annonce qu'il n'y a plus de rations du tout dans notre division. Un peu plus tard, un gros futé de là-haut décide d'installer une cuisine de campagne derrière nos positions. Les tirs d'artillerie se sont multipliés à cause d'elle. Les cuisiniers sont des volontaires. Ils en cherchent dans notre compagnie aussi. Les précédents ont-ils rendu leur tablier parce que les provisions reçues pour faire la cuisine ne sont pas mangeables ? La majorité d'entre nous n'y touchent pas.

On nous a annoncé que nous aurions une prime pour chaque soldat ukrainien tué ou matériel détruit, comme si on était des boeviks[1] *pendant la guerre de Tchétchénie. Aucun de nos brillants galonnés n'a eu l'idée d'interdire le déplacement du matériel pendant la journée, et les tirs d'artillerie se font de plus en plus fréquents. Les drones de combat permettent à l'ennemi de voir où va le matériel et, après chaque déplacement ou presque, nous devons essuyer des tirs d'artillerie. Presque tout notre matériel est d'ailleurs endommagé. Alors les chefs nous disent que des BMP-1 nous rejoindront bientôt. Ce sont des engins qui datent d'il y a soixante ans !*

Les nouveaux uniformes, les nouvelles chaussures, les

1. Combattants séparatistes pendant les deux guerres de Tchétchénie.

munitions et les vêtements chauds ne sont jamais arrivés. Un ou deux cartons étiquetés « aide humanitaire » contenaient des chaussettes bon marché, des tee-shirts, des slips et du savon. Les colis envoyés par les femmes et les parents de Féodossia ne parvenaient pas toujours à leur destinataire, ou bien avaient souvent été ouverts. Mais c'est uniquement grâce à ces colis que nous avons pu nous nourrir à peu près correctement : il y avait du thé, du café, des bonbons et des conserves.

L'armée ukrainienne essaye de contre-attaquer de tous les côtés mais tant que les paras et le 33e motorisé de Kamychine tiennent, c'est peine perdue. Des soldats se tirent dans les membres ou bien restent à découvert exprès pour toucher les trois millions et échapper à cet enfer.

La nuit, des satellites volent dans le ciel comme nulle part ailleurs. Une jeune fille d'un village voisin a eu un pied arraché par un tir d'artillerie ukrainien, nos médecins l'ont soignée. Après les tirs d'artillerie, certains villages ont carrément cessé d'exister.

Les gens deviennent de plus en plus agressifs. Une grand-mère nous a donné des pirojkis[1] *empoisonnés. Nous avons tous des mycoses, un de nos soldats perd ses dents et notre peau se desquame. J'ai horriblement mal aux jambes et au dos mais ordre a été donné de ne faire évacuer personne pour raisons de santé. Les gars disent qu'à leur retour ils demanderont des comptes à leurs supérieurs pour les conditions de vie et pour leur incapacité à diriger correctement leurs hommes. Certains s'endorment de fatigue*

1. Chaussons fourrés à la viande, au fromage…

à leur poste. Nous réussissons parfois à capter les ondes de la radio ukrainienne où nous sommes insultés, traités d'orques[1]*, ce qui nous met encore plus en colère. L'un de nous s'est mis à picoler en trouvant de l'alcool on ne sait où. Le bruit court qu'on aura le même statut que les anciens combattants de la Grande Guerre patriotique*[2]*.*

Les négociations ont commencé. Le groupe O[3] *aurait quitté les environs de Kiev en signe de « bonne volonté ». J'ai tout de suite dit que c'était bidon, c'est juste qu'ils ont eu beaucoup de pertes. Après le retrait des chars, la pression s'est intensifiée, les hélicoptères et les avions ukrainiens volent maintenant au-dessus de nos têtes. Notre régiment a tenu ses positions jusqu'au bout mais il y a eu beaucoup de victimes.*

À chaque attaque de l'artillerie, je m'aplatis par terre et je pense sans relâche : « Mon Dieu, si je survis, je ferai tout pour changer ça ! » Je veux déjà que tous les coupables de cette saloperie et de ce bordel dans notre armée soient punis. Je souhaite que la guerre se termine ; j'espère que les responsables politiques se mettront enfin d'accord.

Seule la comparaison avec les récits de la Grande Guerre patriotique a un sens. On a l'impression que le monde entier est en guerre. Je ne crains pas de mourir mais je trouve trop bête de donner ma vie pour rien, trop bête pour ceux qui y sont déjà restés ou sont blessés, et pour qui, pour quoi ? Trop bête pour mon père qui toute sa vie

---

1. Créatures des ténèbres aux mœurs brutales dans *Le Seigneur des anneaux* de J.R.R. Tolkien. On les appelle aussi les gobelins.
2. C'est ainsi que les Russes nomment la Seconde Guerre mondiale.
3. L'ensemble des forces armées marquées de la lettre O déployées dans la région de Kiev.

a servi dans la 56e où je me retrouve maintenant. Que reste-t-il de ce passé ? Comment a-t-on pu saccager cette 56e brigade légendaire que j'ai bien connue ? Nos supérieurs ne nous considèrent même plus comme des êtres humains, ils nous prennent pour du bétail. À chaque nouveau tir d'artillerie, je me répète : « Mon Dieu, si je survis, je ferai tout pour changer ça. »

J'avais déjà décidé de décrire cette année de ma vie pour qu'un maximum de gens sachent ce qu'est devenue notre armée. Cette armée qu'ils ont détruite sans hésiter alors que nous restions tous silencieux et béats devant les parades du 9-Mai sur la place Rouge. Ce jour-là, nous remercions nos ancêtres qui ont mis fin à la guerre. Est-il possible que nous, leurs descendants, en ayons commencé une autre ?

Mi-avril, j'ai reçu de la terre dans les yeux au cours de tirs d'artillerie. Pendant presque deux mois, on m'a séché les yeux comme on a pu mais la terre s'enfonçait de plus en plus et j'ai eu une kératite. Après cinq jours de souffrance, devant le risque que je perde un œil j'ai enfin été évacué.

Ce merdier est fini pour moi mais je reste plein d'amertume quand je pense que des gens continuent de s'entre-tuer là-bas, que chaque jour augmente la haine réciproque.

Dans ce récit, j'ai essayé de montrer avec le maximum d'honnêteté et de véracité ce que j'ai vécu, d'exprimer les pensées et les sentiments qui me traversaient et de décrire ce que je voyais autour de moi. Comme une confession pour moi-même. Je n'ai pour but ni de mentir, ni d'enjoliver, ni de dissimuler quoi que ce soit. J'ai vécu cette guerre exactement comme je la décris.

Rentré chez moi, je n'en crois pas mes oreilles : il est interdit de dire que c'est une guerre. Ils sont sérieux ? Alors c'est quoi, putain ? Cette loi sur la discréditation des forces armées russes fait du mal aux forces armées elles-mêmes ! Et les nombreuses autres lois qui disent qu'en tant que citoyen, je ne dois pas être traité comme un esclave ? Elles ont été abrogées ?

Notre gouvernement a trouvé une solution bien commode pour lui : interdire d'en parler. Mais ce n'est pas comme ça que nous améliorerons les choses. Les problèmes doivent être soulevés, débattus et résolus, et non pas tus et cachés.

J'ai la chance d'avoir eu la vie sauve. Ma conscience me dit que je dois essayer d'arrêter cette folie. Je ne sais pas d'où m'est venue cette pensée : « Mon Dieu, si je survis, je ferai tout pour arrêter ça. » Maintenant, je dois tenir ma promesse.

Comme je l'ai déjà dit, quand je suis rentré du front, ils m'ont soigné les yeux et abandonné aux quatre vents, sans en avoir rien à faire que je boite, à cause de mes jambes et de mon dos, et que je voie mal de l'œil droit malgré la correction. Je me suis fait examiner dans un hôpital privé, à mes frais, et j'ai appris qu'une hernie séquestrée dans les reins, une hernie dans le cou et trois protrusions étaient la cause de mes douleurs. On m'a diagnostiqué une dorsopathie sur fond de déformations dégénératives et dystrophiques de la colonne vertébrale, un syndrome musculotonique et un syndrome asthéno-névrotique. Dans ce pays, les hôpitaux militaires considèrent qu'avec tout ça tu es en bonne santé et on ne te soigne pas. Malgré une prescription de rééducation, personne ne m'a orienté vers un centre adapté. C'est donc toujours à mes frais que j'ai dû me soigner et acheter des médicaments.

Pendant deux mois, j'ai essayé d'obtenir d'être soigné par l'armée, je me suis adressé au parquet, à la direction militaire, au directeur de l'hôpital et j'ai écrit au président. Ils s'en foutaient tous et personne ne m'est venu en aide ; pas d'assurance, pas de traitement. J'ai demandé à être muté dans d'autres unités militaires : à moitié aveugle et avec un dos malade, je ne pouvais objectivement pas rester dans les forces armées parachutées. Mais le destin de mon père m'avait déjà appris que personne n'en tiendrait compte et que je n'avais qu'à me débrouiller tout seul avec mes problèmes.

J'ai laissé tomber et, après une discussion avec le commandant adjoint de ma division, j'ai décidé de passer devant la commission médicale militaire et de démissionner pour raisons de santé. J'ai déposé mes papiers et ai été examiné par les médecins, mais j'ai dû attendre la réunion de la commission pendant un mois. Au bout du compte, la direction a déclaré que je refusais de continuer à servir et a transféré mon dossier au parquet pour demander qu'on ouvre une affaire au pénal en passant sous silence le fait qu'on m'empêchait de passer devant la commission médicale. Sous ce prétexte bidon, ils essayent d'en renvoyer un maximum sur le front.

Le commandant Chtchennikov, adjoint du commandant pour les questions de personnel, un salaud alcoolique, était à côté de moi sous les tirs d'artillerie, lors de l'assaut raté de Nikolaev et quand notre commandant de bataillon a été tué. C'est lui qui, paniqué, avait répondu aux questions des combattants lui demandant ce qu'il fallait faire : « Je n'en sais rien, putain, je ne suis pas le commandant du bataillon, je suis un adjoint ! » Plus tard, il a eu un accident en état d'ivresse avec un véhicule, ce qui a probablement été qualifié de traumatisme contracté durant des opérations militaires. Après cela, il a été renvoyé à l'arrière comme alcoolique. Et donc, cet « officier » revenu de la guerre dépose courageusement un dossier sur moi en m'accusant de ne pas m'être présenté à mon service. Tout ça pour se venger de mes tentatives d'obtenir le respect des lois, de mes plaintes contre lui, de mon courrier sans suite au ministère de la Défense, au parquet militaire central et même au président.

Au bout du compte, les papiers que j'ai déposés à la commission médicale ont tout bonnement été perdus. À l'hôpital, les médecins sont en sous-effectif permanent et, dans ce putain d'hôpital délabré, des centaines de blessés sont parqués dans les couloirs.

Ce Chtchennikov, imbu de son impunité, racontait à tout le monde qu'il n'en avait rien à faire et que je n'avais qu'à les écrire, mes lettres au président. Il avait l'air persuadé de pouvoir se conduire comme bon lui semblait. Tous avaient visiblement reçu carte blanche de leurs supérieurs : l'essentiel était de renvoyer un maximum d'hommes au combat, même sans préparation ni équipement.

Une armée qui pousse à bout ses propres soldats… ceux qui ont déjà combattu et ne veulent pas repartir pour mourir sans savoir pour quoi ; ceux qui savent qu'il y a déjà eu beaucoup de tués dont les familles n'ont jamais reçu de compensation, de blessés ou de malades à qui, dans la majorité des cas, on refuse toute compensation ou pension de guerre.

Dans cette guerre, ils ont visiblement décidé de couvrir l'Ukraine de nos cadavres – pas grave, les femmes continueront de mettre des enfants au monde. Je ne pensais pas qu'on en arriverait là. Plus de la moitié de mon régiment a disparu, certains ont démissionné pour diverses raisons, il y a des blessés, des malades et des tués. Il y en a même qui n'ont pas encore été payés parce qu'ils n'étaient pas inscrits sur les listes et que les courriers au ministère de la Défense ne servent à rien. Trois gars de ma compagnie, après huit mois de service avant la guerre, n'avaient toujours pas de livret militaire.

Aujourd'hui, pour essayer de boucher les trous dans les effectifs, ils font débarquer dans le régiment des hommes qui viennent directement du civil, souvent âgés de plus de quarante ans. Ils leur font des contrats de trois mois, ne leur fournissent ni préparation ni équipement. Ils transforment le légendaire 56ᵉ régiment en milice populaire… Les dernières rumeurs qui racontent qu'ils viennent recruter dans les prisons font froid dans le dos. Oncle Vassia[1] aurait été horrifié de voir ce que sont devenues les forces armées parachutées. Il y a des centaines d'hommes de ce pays qui ont déjà servi dans ces unités. Vous avez oublié comment nous avons été déployés en Afghanistan et en Tchétchénie ? Ou bien vous vous êtes résignés ? Eh bien, la façon dont nous avons été traités en Ukraine fera de l'ombre à tous ces exploits. Nous avons toujours été en première ligne, et maintenant ce système pourri nous a laissés tomber.

Beaucoup avaient l'impression que là-haut, ils essayaient simplement de nous faire disparaître en utilisant les troupes à contre-emploi et en leur imposant ces conditions de vie. Et malgré tout, je n'en connais pas un seul qui ait eu peur et se soit enfui ! Il y en a seulement qui, une fois rentrés de la guerre, ne voulaient pas y retourner.

N'avez-vous pas honte de ce qu'a fait ce commandement incompétent avec les forces armées parachutées ? Qui est le traître ? Moi ? Ou bien ce commandement qui a fermé les yeux pour assurer sa carrière ? Qui peut croire qu'on parviendra à gagner cette guerre de cette façon ?

Des myriades de prétendus « experts » ont donné leur opinion sur les raisons de l'« échec » de l'armée. Voici la mienne.

Premièrement, nous n'avions aucun droit d'attaquer un autre pays, à plus forte raison le peuple qui nous

1. C'est ainsi que l'on surnomme Vassili Filippovitch Marguelov (1908-1990), chef militaire à la tête des forces armées parachutées entre 1954 et 1959 puis entre 1961 et 1979.

est le plus proche. La majorité des gens en Russie font semblant de croire qu'il ne se passe rien et refusent de réfléchir, mais l'Ukraine s'est unie et mobilisée comme l'URSS l'a fait en 1941.

Même si les deux parties se haïssent aujourd'hui, il y a trente ans nous étions un seul et même pays. La Russie a ses origines à Kiev, les Ukrainiens et les Russes ont de nombreux liens de parenté. C'est pour cette raison que tout le monde s'est mis à nous haïr en Ukraine : la trahison d'un « parent » est beaucoup plus douloureuse que celle d'un étranger.

Des frontières nationales et les points de vue politiques divergents de nos deux gouvernements nous ont séparés. Quand tout cela a commencé, j'ai rencontré peu de gens qui croyaient à l'existence de nazis en Ukraine, et encore moins qui souhaitaient la guerre. Nous n'éprouvions pas de haine les uns pour les autres, le peuple ukrainien n'a jamais été un ennemi pour nous. De nombreux citoyens russes continuent à le penser, je tire cette conclusion de mes discussions avec des gens simples autour de moi.

La deuxième raison de cet échec se trouve dans le début de cette guerre. Commencer cette « opération spéciale » en mitraillant des territoires ukrainiens avec l'artillerie, l'aviation et les roquettes… Quel accueil de la population civile pouvions-nous espérer ? Le peuple ukrainien comme le peuple russe a connu l'invasion fasciste entre 1941 et 1945. Tous deux ont grandi dans le souvenir des exploits de leurs ancêtres contre les fascistes. Les exploits de ceux qui ont défendu leur pays au prix de leur vie. De quoi avions-nous l'air ce 24 février ?

Qui pouvait penser que le peuple ukrainien ne s'unirait pas contre les envahisseurs ? Ou alors, le plan était-il vraiment d'instiller une vraie haine entre nous ?

La troisième raison, c'est la terrible corruption et le bordel qui règnent dans notre armée, son vieillissement moral et technique. Depuis vingt ans, on intègre les écoles militaires supérieures par piston ou avec des pots-de-vin. Beaucoup de gens bien, de gens de conviction qui étaient dans l'armée en sont partis, comprenant qu'il était inutile de lutter contre ce système.

Dans l'armée actuelle, pour éviter les problèmes il faut obéir sans broncher, même si c'est une bêtise absolue. Les chartes militaires ont été écrites pour une armée du passé et n'ont toujours pas été adaptées à la réalité d'aujourd'hui. L'évolution de carrière n'est possible que si on a du piston et si on accepte ce fonctionnement. Le système des écoles militaires et la structure des grades d'officier sont en bout de course.

On enseigne aux officiers à gérer une armée de conscrits, et non une armée professionnelle de contractuels souvent plus âgés qu'eux. La sélection pour intégrer l'armée est contraire à tout bon sens, c'est difficile d'y entrer mais encore plus difficile d'en sortir. Pour cette raison, les hommes qui s'intéressent vraiment à l'activité militaire partent vers des compagnies privées.

Le salaire d'un contractuel est loin d'être décent. Il peut paraître correct uniquement aux classes défavorisées, alors rien d'étonnant à ce que beaucoup d'hommes ne souhaitent pas intégrer l'armée « contractuelle ». Quoi d'étonnant si certains n'ont pas pu s'empêcher de faire main basse sur un ordinateur ou une machine à laver en Ukraine quand leur salaire ne leur permet pas de les acheter.

Nos équipements et nos uniformes sont de mauvaise qualité et inconfortables, ce qui explique pourquoi la majorité des militaires s'achètent eux-mêmes des modèles américains, européens, voire ukrainiens.

Comment l'armée peut-elle être dirigée par des personnes sans expérience du terrain ? Comment les contractuels vraiment prometteurs et pleins d'initiative peuvent-ils progresser dans leur carrière ? Aucune chance ! Il faut s'inscrire dans une école militaire supérieure après des études secondaires et entrer dans l'armée avec le grade de lieutenant à vingt et un ans. Traverser les cent cercles de l'enfer de la bureaucratie, du bordel et des humiliations pour devenir commandant de compagnie, puis d'autres cercles de l'enfer pour accéder au grade de commandant de bataillon adjoint, etc. Le système laisse progresser ceux qui lui sont le mieux adaptés, et non les plus prometteurs, les plus forts et les plus intelligents. Plus tu es haut placé, plus tu es corrompu. Ainsi, une énorme quantité d'officiers abandonnent cette armée, et ceux qui ont réussi à atteindre des fonctions élevées restent et s'accrochent sans broncher ni s'opposer. Ils ne vont pas risquer de perdre ce pour quoi ils ont encaissé toute leur vie. Sans comprendre que c'est leur silence qui ronge le système de l'intérieur.

Dans ces conditions, il est impossible de former des collectifs solides et unis.

Notre armée est affaiblie. Tout le monde le sait mais tout le monde se tait. Si on en parle, on est considéré comme un traître. Et nous nous enfonçons toujours plus dans le gouffre de notre inaction.

Pourquoi sommes-nous incapables, comme en 1941, de nous préparer à la réalité de la guerre contemporaine ? Si nous sommes attaqués aujourd'hui, cela coûtera des millions de vies. Pourquoi l'histoire ne nous apprend-elle rien ? Pourquoi des millions d'hommes qui ont servi dans l'armée se taisent-ils ?

La guerre moderne ne laissera pas gagner une infanterie mal formée, quel que soit le nombre d'hommes. Les rafales d'artillerie et de lance-roquettes multiples réduiront ces soldats en chair à saucisse. La présence de chars, d'avions, de navires et de fusées, c'est important, bien sûr, mais il faut comprendre que notre matériel est majoritairement dépassé ou insuffisant et que le système complexe des livraisons de matériel neuf ne fonctionne pas bien.

Pour gagner une guerre moderne, il faut une infanterie d'assaut forte, professionnelle, mobile et disciplinée. Elle ne peut avoir ces qualités sans formation, entraînement, sélection et forte motivation. Il faut que la communication existe dans les deux sens pour que les problèmes et les besoins de la base soient entendus et qu'en haut ils commencent à les résoudre, au lieu de se contenter d'un semblant d'activité permettant de prétendre ensuite que tout va bien.

Durant le temps que j'ai passé dans cette compagnie, je ne me souviens pas que les officiers aient jamais essayé de comprendre les problèmes ou d'entraîner les soldats derrière eux. Ils se saoulaient souvent, bien installés dans des lieux fortifiés alors que les contractuels ordinaires devaient faire face. C'est pourtant à ce moment-là, messieurs les officiers[1], que nous avions besoin de vous comme pères et comme chefs, que vous deviez nous montrer ce que vous valiez. Le seul qui avait de l'autorité auprès des contractuels, c'était le chef du bataillon, tué au combat.

Je ne veux pas dire que tous les contractuels sont bons et tous les officiers mauvais. Mais qu'aucun soldat ne puisse dire du bien de ses officiers, c'est problématique.

Tout comme il est problématique que les officiers prennent les contractuels de haut et les traitent en conséquence. Dans notre histoire, ce type d'injustice a conduit à la révolte des soldats et des matelots sous le drapeau rouge[2]. Dieu fasse qu'une chose pareille ne se reproduise pas !

À l'heure actuelle, une majorité de ceux qui sont revenus de cette guerre quittent l'armée, et avec eux disparaît leur expérience, même si elle est négative.

Tout le monde sait que beaucoup de familles n'ont pas reçu de compensation pour leurs proches, victimes. Un soldat est simplement porté disparu, qu'importe si des témoins affirment qu'ils l'ont vu se faire tuer. Les récompenses ne vont pas toujours à ceux qui les méritent, et ceux qui les méritent n'en reçoivent pas.

---

1. Référence à une chanson à la gloire des officiers chantée par Oleg Gamzanov et dont il a modifié les paroles. Les paroles d'origine ont été écrites par Alexandre Dolski en 1970.

2. Référence à la mutinerie des marins du cuirassé *Potemkine* pendant la première révolution russe de 1905. Cet épisode a été rendu célèbre grâce au film *Le Cuirassé Potemkine* de Sergueï Eisenstein.

Je pense que personne de mon régiment n'en a jamais reçu, ou alors de façon posthume.

Rentré de l'hôpital et ayant accès au téléphone et à internet, j'ai dévoré toutes les nouvelles.

Les informations nationales dissimulaient la vérité et inventaient sans vergogne une autre réalité. Ils sont nombreux dans ce pays à ne connaître ni l'histoire, ni la géographie, ni les systèmes politiques. Des gens qui n'ont rien donné à leur pays, des gens dont l'indifférence est la cause de cette guerre… mais ces « citoyens » ne se privent pas de parler de « politique » et de dire haut et fort qu'« on peut rempiler » ou que « Navalny[1] est un pédé, un agent de l'Occident ». Pourtant, c'est lui qui nous a montré combien d'argent tel ou tel fonctionnaire avait volé (à toi et à moi) et, au lieu d'exiger une enquête transparente, nous n'avons rien fait. Nous ne voulons pas être les citoyens actifs de notre pays et nous nous comportons comme des esclaves. Rien d'étonnant à ce que des gens sans scrupules en profitent pour usurper le pouvoir et se croire au-dessus de tout puisque les esclaves ne sont pas prêts à prendre des décisions ou des risques. Alors ces profiteurs décideront pour eux sans leur demander leur opinion.

Pendant ce temps, les blogueurs et les stars de YouTube affirment qu'ils ont honte d'être russes et honte de l'armée de Poutine.

---

1. Alekseï Navalny est actuellement le principal opposant à Vladimir Poutine. Il a été condamné à neuf ans de détention en mars 2022. Son cheval de bataille est la lutte contre la corruption.

Nous ne sommes pas l'armée de Poutine, nous sommes l'armée de la Russie et nous avons prêté serment devant le peuple de Russie.

La Russie, ce n'est pas Poutine. Ce sont des gens avec des passeports russes. Et tu dis que tu as honte de nous ? C'est nous qui avons honte de toi ! Où étais-tu alors que nous étions en train de combattre ? Tu craignais pour ton confort, tu ne pouvais pas sortir dans la rue pour dire non à la guerre.

Je vais vous dire un secret : beaucoup de ces OMON qui dispersent les meetings n'ont pas voulu partir se battre justement pour que des femmes et des vieillards ne leur crient pas au visage qu'ils sont des occupants. Beaucoup d'entre eux refusent de participer à ce conflit. « Non à la guerre », ces paroles dites suffisamment fort pourraient arrêter n'importe quoi.

La majorité des militaires ne veulent tuer personne et ne veulent surtout pas la guerre, mais nous sommes prisonniers de la loi, prisonniers d'un sentiment de culpabilité envers nos compagnons d'armes.

Nous sommes tous les otages de plusieurs sentiments : le patriotisme, la vengeance, le devoir, le besoin d'argent, la carrière, la peur de l'État.

Après mon retour en Russie, j'ai lutté contre un étrange mélange de sentiments. Je suis opposé à la guerre et j'ai pitié du peuple ukrainien. Mais, dans le même temps, j'ai envie d'y retourner parce que la vraie vie s'ouvre devant nos yeux uniquement quand on est face à la mort, quand on comprend que l'on peut mourir d'une minute à l'autre. C'est dans ces moments-là que l'on réalise ce qu'est la vie et à quel point ce monde est beau.

À ces sentiments se mêlait la honte d'être en sécurité alors que d'autres se sacrifiaient.

Je pense que nous avons dépassé les bornes. Nous n'avons pas réuni la RPL et la RPD à la Russie, nous avons commencé une horrible guerre qui détruit des villes et tue des enfants, des femmes et des vieillards. L'armée russe a évidemment montré toutes ses failles au monde entier mais elle a aussi créé un enfer en Ukraine. L'armée ukrainienne n'essuie pas moins de pertes que la nôtre. Dans ce pays où nous avons tant de parents, des militaires des deux camps meurent en emportant la vie des civils qui se trouvent à proximité.

Des milliers d'années d'histoire nous apprennent que la guerre est absurde mais nous ne réussissons pas à le comprendre. Pourtant, je pense qu'il n'y a qu'un moyen de mettre fin à ce chaos.

Nos deux pays sont orthodoxes et nous devons nous accorder mutuellement le pardon. La vengeance et la haine ne peuvent qu'aggraver la situation de jour en jour. Si au niveau des peuples nous ne pouvons pas nous tendre la main pour faire la paix, nous allons nous anéantir les uns les autres. J'ai entendu que les Ukrainiens s'amusent à couper les organes génitaux de nos soldats et que notre prisonnier a connu le même sort ; les nôtres lancent des roquettes sur les villes, tuant femmes et enfants. Des deux côtés, la propagande verse de l'huile sur le feu et nous exhorte ouvertement à nous entre-tuer.

Où sont nos fichues Églises ? Où sont-ils, tous ces

croyants qui ont oublié les préceptes religieux ? Nous en enfreignons les plus importants, nous nous haïssons et nous nous tuons, comment peut-on croire à l'Église après cela ? Elle nous bénit de nous entre-tuer !

Si les gens ne se mettent pas à parler eux-mêmes de la guerre, je ne m'étonnerais pas que nous en arrivions à utiliser des armes nucléaires. Tout est entre les mains du peuple. Le gouvernement est le représentant du peuple, et tant que celui-ci ne fera pas comprendre clairement au premier que personne ne veut la guerre, ces tueries continueront.

J'ai rencontré beaucoup de gens simples qui sont contre la guerre et un petit nombre qui pensent que nous n'avions sans doute pas le choix, mais je n'ai entendu personne dire qu'il était prêt à aller tuer. Alors pourquoi la guerre continue-t-elle ? N'allez pas penser que j'appelle à monter sur les barricades, cela ferait couler encore plus de sang. Le temps est venu de dire la vérité, c'est-à-dire que la majorité des gens en Russie comme en Ukraine ne veulent pas s'entre-tuer. Mais si cette majorité continue à se taire, de plus en plus d'innocents seront emportés par la guerre.

Chaque jour, cette folie apporte son lot de nouvelles victimes des deux côtés et de haine à cause de ces victimes.

La population de notre pays vieillit sans cesse. Autour de nous il y a beaucoup de vieillards et de malades, et nous faisons une guerre qui tue des hommes jeunes, en pleine santé, qui ont cru à la propagande. J'ai honte de ces officiers et de ce commandement qui ont troqué leur honneur et leur conscience contre leurs pensions, leurs galons et leurs récompenses.

Il y a aujourd'hui si peu de commandants capables de soulever l'enthousiasme de leurs hommes pour les mener au combat. Vous êtes si peu à savoir couvrir vos hommes de votre propre corps alors que chaque soldat serait prêt à vous sauver ensuite si vous le faisiez.

J'ai honte de notre administration à tous les niveaux, du moindre village à la capitale.

J'ai honte des professeurs qui truquent les élections.

J'ai honte des médecins qui ont détruit notre système de santé et qui ne cherchent que leur profit.

J'ai honte de notre police qui crève dans sa corruption.

Quand on a vraiment besoin de l'aide et de la protection de la police, le plus souvent, on ne les obtient pas. Pourtant, je suis sûr que la majorité des policiers sont entrés dans le service pour protéger les gens.

Pourquoi nos tribunaux sont-ils devenus l'incarnation de l'injustice ? Je ne peux pas croire que tous ceux qui ont choisi ces métiers l'aient fait uniquement pour s'en mettre plein les poches. Je ne peux pas croire que les personnes travaillant au parquet ne voulaient pas être les garants de la loi pour les citoyens. Pourquoi la Douma[1] n'est-elle pas constituée de représentants du peuple ?

J'ai honte de ce peuple qui garde des œillères en espérant ne jamais être concerné. N'avez-vous pas compris qu'un jour ou l'autre, tout le monde sera concerné ? La

1. Parlement russe.

pression devient de plus en plus forte d'année en année pour nous transformer en esclaves. Si tu ne veux pas, on saura te forcer ; si tu n'es pas d'accord, on saura te faire changer d'avis ; et si ça ne te plaît pas, on te jettera en prison.

J'ai honte de moi parce que je ne peux rien changer à tout ça ou que je ne sais pas comment faire.

Mais le plus terrible, c'est l'état de l'armée, l'institution la plus importante de ce pays. Aucun pays n'existe sans armée. L'armée, c'est le pays lui-même, c'est le visage du peuple. Ce sont ceux qui doivent défendre les frontières de leur pays au prix de leur vie en cas de menace. Aucun de nous ne veut être un envahisseur. Nous avons grandi avec un autre idéal et aspirons seulement à être des défenseurs. Mais ils ont fait de nous des envahisseurs !

Même si dans plusieurs années nous envahissions tout le territoire de l'Ukraine, qu'est-ce qu'on pourrait bien en faire ? Et combien de personnes sommes-nous prêts à envoyer à la mort dans ce but ? Et combien de misère en plus pour notre pays ?

Allez, réveillez-vous ! Je ne comprends pas ce qu'il se passe, pourquoi tout est sens dessus dessous et comment nous en sommes arrivés là.

Dans plusieurs années, quand notre pays sera exténué par la guerre et la misère, quand tout le monde se sera souvenu que la guerre est une atrocité, quand nous aurons faim et que notre État sera en faillite, que les fonctionnaires encore une fois ne toucheront plus de salaire, alors tout le monde comprendra qu'il est trop tard pour y changer quoi que ce soit. La Russie s'effondrera toute seule et les gentils messieurs de l'Occident arriveront, ces messieurs que l'on utilisait pour faire peur aux enfants, et ceux de la Chine aussi, et tout ce beau monde nous tendra la main pour nous aider en échange de nos terres et de nos ressources… Quand ce peuple épuisé n'aura plus rien à bouffer et qu'il sera incapable de mobiliser une armée, alors il oubliera ses ambitions impériales et acceptera n'importe quelles conditions. Tous les empires s'effondrent un jour ou l'autre, aujourd'hui nous suivons la voie de l'Empire byzantin… Nous n'avons pas besoin d'un empire, nous voulons tous un pays normal, libre, juste et moderne. Un pays où on peut vivre, se développer, travailler et aimer.

Je crois en Dieu mais Dieu a déserté notre Église ; elle a oublié le principal commandement : « Tu ne tueras point » et nous bénit pour avoir tué nos frères orthodoxes. Je n'y crois toujours pas. Je ne veux pas être Tchéloubeï, je veux être Peresvet[1]. Mon cœur, ma conscience et mon éducation me disent que l'on peut tuer uniquement pour défendre sa vie ou celle des autres ou bien défendre son pays de l'envahisseur.

Un colonel des forces armées parachutées, un ancien

1. Référence à un combat légendaire de la bataille de Koulikovo en 1380. Peresvet est vainqueur du guerrier tatar Tchéloubeï et symbolise le défenseur en opposition à l'envahisseur tatar.

ami de mon père, m'a dit un jour : « Pacha, dans ce système, je ne suis qu'un grain de sable et toi un grain de poussière. » Même si je ne suis qu'un grain de poussière et que mon sort est de pourrir dans une « merveilleuse » prison de Russie, je ne me tairai pas ! Ma conscience me souffle que j'ai raison d'exécrer ce système délabré de tout mon être.

Néanmoins, la majorité de mes compatriotes ont choisi la position astucieuse de l'attentisme, comme dit le proverbe : « Je ne vois rien, je ne sais rien. » Ils se plaignent de la situation et voient bien que tout va de mal en pis. Pourtant, ils ne font rien, ils se disent que les autres n'ont qu'à prendre des risques et qu'il vaut mieux attendre de voir qui va gagner, « les idiots qui ont honte d'être russes » ou bien les « fous furieux » qui ont dessiné un Z sur les vitres de leur voiture. À ce moment seulement, ils pourront choisir le camp des vainqueurs. Ces « citoyens » avancent d'habitude l'argument que ça ne dépend pas d'eux ou qu'ils ont une famille et des enfants. Mais justement, si vous avez des enfants, voulez-vous vraiment qu'ils vivent dans un pays surréaliste ? Quel avenir leur souhaitez-vous ?

Dans mon esprit, ce gouvernement est soit composé d'incompétents notoires, soit noyauté par des « agents de l'Occident » dont le but est de détruire notre pays. Mon livre préféré est *Le Don paisible*[1]. Je ne souhaite bien entendu pas que cette histoire se répète, cependant,

1. Œuvre de l'écrivain soviétique Mikhaïl Cholokhov publiée en 1928 et décrivant la guerre civile qui suit la révolution de 1917 dans la région du Don.

en haut lieu, ils font vraiment tout pour que ce soit le cas. Oui, les gens ne sont pas contents de la situation, mais ils ont tous peur, on leur a attaché les mains et fermé la bouche.

Autrefois, j'ai lu la *Bhagavad-Gita*[1] pour ma culture générale, et aujourd'hui je suis convaincu que la prophétie du Kali Yuga[2] se réalise en ce moment autour de nous. Un grand pays s'est enlisé dans le mensonge, la tromperie, le vol et la trahison des valeurs. Des terres immenses restent vides, la nature est détruite, l'économie s'effondre, le peuple s'est enfoncé dans le vice à cause de la misère et l'argent est concentré entre les mains de vendus sans scrupules.

Tous les domaines de notre société se sont dégradés : la défense, le système de santé, l'éducation, le système judiciaire, l'agriculture, la production et l'industrie, l'astronautique, le complexe militaro-industriel, le sport, la culture… et ce n'est pas ce qu'on raconte sur internet, c'est ce que je vois partout et tous les jours. Le peuple vainqueur est devenu un envahisseur et un agresseur ! Le temps est venu pour le peuple de répondre de son inaction et de son indifférence.

Les gens au pouvoir n'ont jamais servi dans l'armée et ne comprennent pas ce que signifie sacrifier sa vie et sa santé pour son pays pour un salaire de quelques kopecks. Ils ne savent pas ce que c'est que de vivre avec trente à cinquante mille roubles par mois, quand on

1. Partie centrale du poème indien, le *Mahabharata*, texte fondamental de l'hindouisme.

2. Le Kali Yuga est l'« âge noir » de la cosmogonie hindoue.

ne peut rien se permettre mais qu'on est malgré tout animé par le patriotisme. On dirait que ce sentiment a disparu chez la majorité des gens. Lorsqu'on prend part au combat, on pense à nos valeureux ancêtres qui ont anéanti les plus forts conquérants du monde, les Tataro-Mongols, la France napoléonienne ou l'Allemagne hitlérienne, qui se sont sacrifiés pour que nous puissions vivre aujourd'hui dans le plus grand pays du monde possédant la plus grande quantité de ressources naturelles.

Pourquoi devrais-je aujourd'hui, avec d'autres hommes, périr comme des milliers d'autres avant moi en Afghanistan, en Tchétchénie, au Daghestan, en Yougoslavie, au Karabakh, en Géorgie, en Syrie et dans tant d'autres régions ? Une majorité écrasante de ce pays ne se souviendra même pas de nous quand nous ne serons plus là. Quand il n'y aura plus d'hommes prêts à sacrifier ce qu'ils ont de plus cher pour leur pays.

J'en ai tellement assez de voir mon pays se transformer chaque jour un peu plus en une maison de fous que je finis par me moquer de tout. Emprisonnez-moi à perpétuité, je ne veux plus voir tout ça.

Je ne suis ni un esclave ni un lâche ! Je suis un patriote ! Je regrette que mon destin m'ait conduit à cette vie ! J'ai pitié du peuple ukrainien qui est un peuple frère pour moi ! Mais j'ai encore plus pitié du peuple russe instrumentalisé, de ces gens manipulés par des responsables sans scrupules qui mènent à sa perte le plus grand pays du monde !

Je comprends que ce système traînera mon nom dans

la boue pour tout ce que j'ai écrit et m'enverra dans une prison lointaine jusqu'à la fin de mes jours. Mais je ne peux pas me taire, je ne suis pas un lâche et je n'en ai jamais été un.

J'ai combattu en Ukraine. Je ne peux pas faire revenir notre armée mais je peux raconter mon expérience, dire ce que je pense de la participation à cette guerre, appeler mes concitoyens à cesser de combattre et à prendre soin de leur pays qui ne manque pas de problèmes à résoudre.

Où est la grandeur de l'âme russe ? Où sont notre noblesse d'esprit et notre spiritualité ? Je ne peux pas croire que nous soyons redevenus des serfs quand nos ancêtres ont versé tant de sang pour notre liberté. Qui a mis un signe « égal » entre le soutien au gouvernement qui a décidé de commencer cette guerre et le soutien à l'armée qui doit obéir ? Malgré toutes les injustices dont j'ai été victime, je continue à aimer mon armée et je n'oublierai pas mes camarades, souvent jeunes, tombés au combat et qui étaient prêts à se sacrifier pour leur pays.

Je suis en Russie quand je publie ce récit, d'abord sur les réseaux sociaux. Sans cesse, je reviens en pensée sur ces deux mois passés en Ukraine, sur ces interrogations : qu'est-ce que je faisais là-bas, dans quel but ? La chanson « Wrong Side of Heaven » du groupe Five Fingers Death Punch (il faut absolument l'écouter) tourne en boucle dans ma tête. J'imagine ma discussion avec Dieu lors du Jugement dernier et je comprends que je ne veux pas « être du mauvais côté du paradis et du bon côté de l'enfer ».

Entre subir le châtiment devant le tribunal de la Fédération de Russie et celui de Dieu, mon choix est fait. Le gouvernement russe pourra bien me traiter de lâche et de traître, me pourchasser toute ma vie, je ne veux pas me tenir devant Dieu et avoir à lui expliquer que j'ai continué à participer à cette guerre par faiblesse et par peur d'être jugé tout en sachant qu'elle était injustifiée.

J'ai tout à fait conscience que ce livre et ce geste de paix me coûteront très cher mais je ne peux pas faire taire ma conscience. Un « juste » tribunal russe me condamnera sans doute à perpétuité. Ils diront que j'ai été acheté ou que je suis un agent de l'Occident. Mais je ne peux plus garder le silence.

Je n'avais pas peur pendant la guerre en Ukraine mais j'étais mortifié de ne rien pouvoir changer. Chose étrange, j'ai peur de publier ce texte dans mon pays, de rendre public ce que je pense. Ici, on ne peut plus dire la vérité, on ne peut plus faire respecter ses droits. On peut juste aller se faire tuer pour des objectifs fumeux ou, si l'on survit, tout supporter pour un avenir heureux qui ne cesse de s'éloigner de nous.

NON À LA GUERRE !!!

Épilogue

Il m'a fallu quarante-cinq jours pour écrire ce livre sur mon téléphone ou sur des bouts de papier. Je prévoyais de démissionner, et seulement après de diffuser ce livre en accès libre en russe. Le publier avant d'avoir quitté l'armée aurait été trop dangereux – les derniers amendements votés interdisent aux militaires de diffuser des informations sur le déroulement de leur service. J'aurais risqué de me retrouver à la fois devant le tribunal civil et le tribunal militaire.

Je n'ai pas eu le temps de le terminer. Mi-juillet, le commandement a rejeté ma demande de démission et m'a soumis au chantage. Comme je l'ai déjà évoqué, j'avais le choix entre repartir au front ou me retrouver devant le tribunal.

Franchement, il aurait été plus sûr et plus avantageux pour moi de retourner au front. Mais la conscience de l'absurdité de cette guerre, le sentiment de désespoir devant l'injustice totale qui règne en Russie, mon sens du devoir et le désir de tenir la promesse donnée à Dieu m'ont poussé à publier ce livre le plus tôt possible.

Mon objectif était de donner à ce récit la plus grande diffusion possible avant de me présenter devant la Cour militaire suprême, accompagné de journalistes et de défenseurs des droits humains pour essayer, sur des fondements tout à fait légaux, de défendre mes droits et d'obtenir des réponses. J'ai envoyé mon manuscrit à tous les médias d'opposition et à de nombreux blogueurs russes. Vladimir Ossetchkine, fondateur de l'association Gulagu.ru et directeur de la New Dissidents Foundation, a été le premier à me répondre. Il a accepté de me défendre et m'a donné accès à sa plateforme. Le jour où ma première interview vidéo a été diffusée sur la chaîne YouTube de Gulagu.ru, j'ai publié mon texte sur ma page Vkontakte[1] et Vladimir l'a mis sur le site de Gulagu.ru.

Je savais les risques que je courais mais j'espérais attirer l'attention des médias et provoquer une vague d'indignation dans la société afin de contraindre le gouvernement à respecter ses propres lois. Si la Russie avait respecté ses lois, cette guerre n'aurait pas été possible.

Après la publication, j'ai passé trois semaines à me déplacer d'un coin à l'autre du pays, changeant de ville chaque jour, dormant chaque nuit dans un lieu différent, craignant que l'on m'arrête d'un moment à l'autre pour m'accuser d'avoir violé la nouvelle loi répressive « discréditation de l'armée ». Mi-août, je me suis trouvé à Moscou, où j'ai rencontré des avocats pour essayer de décider de la suite. La réaction publique que j'escomptais n'a pas eu lieu, je n'avais plus d'argent et

1. Équivalent de Facebook en Russie.

je me demande encore où je trouvais des forces. Mon téléphone n'arrêtait pas de vibrer à cause de messages que je recevais de Russes ou d'Ukrainiens : « Dommage que tu n'aies pas crevé en Ukraine », « Pacha, pars ! Tu n'obtiendras rien dans ce pays », « Tu es un traître à la Patrie », « Merci d'avoir raconté la vérité »... Mes supérieurs me téléphonaient aussi mais je ne décrochais pas.

Vladimir Ossetchkine m'avait déjà proposé plusieurs fois de quitter la Russie mais je ne voulais pas en entendre parler. J'étais sûr que, si je partais, la propagande l'utiliserait contre moi en disant que je m'étais « vendu à l'Occident », que c'était la CIPSO[1] qui avait écrit mon livre, que j'avais été « recruté par la CIA ». Un message anonyme m'a prévenu que le haut commandement militaire avait préparé tout un dossier pour demander qu'on me condamne à quinze ans de détention. J'ai compris que mes chances d'obtenir quelque chose de la part des autorités étaient bien minces et que si je me présentais devant la Cour militaire suprême, je n'en ressortirais pas...

Les messages continuaient à affluer sur l'écran de mon téléphone et j'ai fini par accepter mon destin si peu enviable. Comme au poker, j'avais joué mon va-tout et j'avais perdu. Je devais admettre ma défaite. Je suis resté plusieurs heures dans mon hôtel à réfléchir. Je suis très reconnaissant envers tous ceux qui ont eu connaissance de mon histoire et m'ont envoyé des messages de soutien... Seuls leurs efforts pour m'aider, leur chaleur

1. Center for Information and Psychological Special Operations.

et leur bonté m'ont permis de ne pas me rendre au parquet. Se rendre et disparaître dans une prison russe aurait été vraiment idiot.

Je tiens aussi à évoquer mon agente littéraire Ksenia Tserkovskaïa. Quand elle m'a téléphoné pour la première fois, j'étais assis sur un banc dans la cour d'un immeuble de Moscou, perdu dans mes pensées. Je regardais sans cesse autour de moi en craignant une descente de police. Ksenia avait lu mon manuscrit et mon idée de « tendre la main en signe de paix » lui a plu. J'ai appris plus tard que Ksenia était juive, qu'elle avait grandi en Russie et était partie en Israël après le début de la guerre. Elle était très touchée par tout ce qui se passait en Russie et en Ukraine, c'est pourquoi elle avait décidé de m'aider. C'est étonnant, une Juive vivant en Israël qui se faisait plus de souci pour le peuple russe que le gouvernement russe.

On m'a écrit et téléphoné de Russie, d'Ukraine et du monde entier pour me dire que je devais quitter la Russie. Ce sont toutes ces personnes qui m'ont aidé à survivre. Elles m'ont envoyé des petites sommes d'argent, de cent à mille roubles, ce qui m'a finalement permis de quitter le pays. Je n'avais pas de plan précis, il fallait simplement partir. Diverses aventures m'attendaient dans plusieurs pays. J'ai été filé par les services secrets, j'étais dans une totale incertitude et j'ai fini par demander l'asile en France, comme l'avaient fait Vladimir Ossetchkine et d'autres représentants de son association avant moi.

Je tiens ici à remercier le grand nombre de personnes

qui m'ont aidé de leurs paroles ou de leurs actes. Mon expérience m'a confirmé que quand on fait quelque chose de bien, de façon désintéressée et de tout son cœur, le nombre de personnes merveilleuses qui vous entourent augmente. En vous faisant rencontrer ces personnes, Dieu vous tend la main pour vous aider. L'essentiel est d'agir avec de bonnes intentions et non guidé par l'appât du gain. J'en ai eu la confirmation de nombreuses fois dans ma vie. Quand j'étais sur le front, j'avais promis à Dieu de tout faire pour mettre fin à cette guerre si j'y survivais, et j'ai été évacué avec des dégâts finalement minimes pour ma santé. Je ne suis pas un écrivain et j'ai décidé de publier un livre dans lequel je raconte la réalité de la guerre. Mon récit va être lu par le monde entier. J'étais prêt à sacrifier ma vie et ma liberté au nom de la vérité et j'ai été sauvé de façon miraculeuse.

C'est pour cette raison précise que je ne veux tirer aucun bénéfice de mon histoire et que l'argent que je gagnerai sur la vente du livre sera reversé pour aider les Ukrainiens ayant souffert de la guerre. C'est aussi la raison pour laquelle je dédie ce sombre livre à tous les gens généreux, purs et désintéressés. Je le dédie à mes amis et collègues de la New Dissidents Foundation, aux Juifs, aux Ukrainiens, aux Russes et aux Français, à tous ceux qui n'ont pas perdu leur âme malgré toutes les horreurs de ce monde.

La devise des forces armées parachutées est « Personne, sauf nous » ! C'est avec cette idée que j'ai pourtant décidé de quitter mon pays, pour pouvoir continuer à lutter, pour reprendre des forces et y retourner un jour. Pour avoir raconté la vérité sur l'armée russe et sur la guerre, je risque aujourd'hui non plus quinze mais trente ans de prison. Mais je suis convaincu que ce sont les ultimes convulsions du régime de Poutine qui a depuis si longtemps réprimé son peuple et qui aujourd'hui anéantit le pays voisin. Nous, les dissidents russes, devons aider notre pays à renverser ce régime, et quand il tombera nous reviendrons pour construire une nouvelle Russie libre et florissante. Personne à part nous ne transformera notre pays.

Juste avant de prendre l'avion pour quitter la Russie, j'ai décidé de réaliser un autre de mes anciens projets : aller à l'église du ministère de la Défense dans les environs de Moscou. Comme je l'ai déjà écrit, je crois en Dieu, même si je suis très critique envers l'Église. Les prêtres sont au service du Kremlin et c'est la propagande d'État qui leur a commandé de faire construire une église consacrée à la guerre ! Tout ce qui se passe ces derniers temps dans ce pays est surréaliste !

Quand j'étais en Ukraine dans les tranchées, j'ai discuté avec un camarade de cette église et je lui ai dit que j'irais la voir si je survivais. Avant d'essayer d'échapper à la « justice » de Russie, j'ai décidé d'aller la voir de mes propres yeux.

Une fois arrivé, j'ai ressenti à la fois une étrange admiration devant cette construction sombre et luxueuse et du dégoût envers les gens qui osent souiller les valeurs du christianisme pour pouvoir manipuler les croyants de ce pays.

En me promenant dans le parc Patriot[1] où se trouve l'église, je ne pouvais pas m'empêcher d'être en colère devant cette richesse ostentatoire alors que dans mon unité de combat, les casernes et l'ensemble de la garnison étaient en ruines, comme la majorité des routes de Russie, qui ont l'air d'anciens champs de bataille. Ici, dans cette église de couleur kaki, le Christ ressemble à un phœnix renaissant de ses cendres et voisine avec un portrait de Staline en mosaïque et une casquette d'Hitler (ils sont conservés dans le musée qui jouxte l'église). D'autres mosaïques représentant Poutine, Choïgou et Matvienko[2] avaient été posées, avant d'être démontées. Poutine a fait ce commentaire : « Un jour, nos descendants reconnaissants apprécieront nos mérites mais ces mosaïques, c'est un peu trop tôt. »

En août 2022, au plus fort de l'invasion russe en Ukraine, les gens venaient se promener avec leurs enfants dans l'église et dans le parc attenant. À regarder les visages, on comprenait qu'ils n'avaient jamais été dans l'armée. Des milliers de soldats morts en Ukraine n'ont jamais mis les pieds dans cette église, et il est peu probable que ceux qui reviendront de la guerre viennent ici. Cette église n'est pas pour eux, elle ne fait que présenter la guerre aux Moscovites sous un jour plus agréable afin que les habitants de la capitale puissent continuer à justifier et à romantiser la mort de leurs concitoyens

1. Parc d'attractions à thème militaire, créé à des fins de propagande.

2. Sergueï Choïgou est le ministre de la Défense. Valentina Matvienko, femme politique russe qui a toujours soutenu Poutine. Présidente du Conseil de la Fédération depuis 2011.

dans des guerres sans fin. Le pouvoir manipule la population avec succès par le biais de constructions de ce genre et en organisant des évènements patriotiques les uns après les autres. Comme dans l'ancienne Rome, le but du gouvernement de Moscou est de procurer à la population du pain et du spectacle pour la détourner des évènements qui ont lieu hors de la capitale. Il est facile de soutenir la guerre en regardant des clips sur la force de l'armée russe à des milliers de kilomètres de la boue, du sang, de la puanteur et de la mort. Il est facile de soutenir la guerre si tu ne connais pas ceux qui y sont restés. Mais les gens ne comprennent pas qu'à cause de leur indifférence la guerre peut arriver jusqu'à eux. C'est ce qui s'est passé en septembre 2022, au moment où j'écris ces lignes.

Je pense que Dieu parle avec nous par l'intermédiaire de notre conscience mais, souvent, nous ne voulons pas l'entendre. Ma conscience me dit qu'il faut impérativement mettre fin à cette guerre. Et que vous dit-elle, à vous ?

Remerciements

En plus de tous ceux que j'évoque dans mon épilogue, je souhaite remercier mon avocate, Kamalia Metkhieva (du cabinet Barbier Mehtieva Law), qui s'est chargée gracieusement de m'accompagner sur le plan juridique en France.

Un remerciement spécial à l'équipe d'Albin Michel, une des plus anciennes maisons d'édition françaises, la première au monde à publier officiellement *ZOV*, ainsi qu'à mes éditeurs en Grande-Bretagne, en Allemagne, aux États-Unis, au Brésil, au Danemark, en Hongrie, en Espagne, aux Pays-Bas, en Norvège, en Pologne, en Roumanie, en Slovaquie, en Finlande et en Estonie.

Composition : Nord Compo
Impression : Imprimerie Floch, octobre 2022
Éditions Albin Michel
22, rue Huyghens, 75014 Paris
www.albin-michel.fr

ISBN : 978-2-226-48101-6
N° d'édition : 25310/01 – N° d'impression : 101384
Dépôt légal : novembre 2022
Imprimé en France

ZOV